CANCEL CULTURE

Ende der Aufklärung?
Ein Plädoyer für eigenständiges Denken

#取消文化

從啟蒙的興起到網路公審，
失控的言論自由如何成為當代民主與政治上的困境？

Julian Nida-Rümelin
猶利安・尼達諾姆林 著

杜子倩 譯

Οὐ γὰρ εὐσχημοσύνης τε καὶ ἀσχημοσύνης ῥημάτων ἕνεκα τὰ νῦν σκοπούμεθα πρὸς τὸν τῶν πολλῶν λόγον, ἀλλ᾽ ὀρθότητός τε καὶ ἁρματίας πέρι νόμων, ἥτις ποτ᾽ ἐστὶν φύσει.

因為我們目前研究的目標並不是根據一般語言使用的表達方式來判斷是否恰當，而是根據法律的（客觀）正確性或謬誤性。

出自柏拉圖《法篇》（*Nomoi*）第六百二十七節

目次
Contents

專文導讀

民主文化的失語下，重探啟蒙人文精神的可能

文◎黃哲翰（udn Global轉角國際專欄作者）

這是一部從德國人文主義知識分子的視野來反思取消文化的作品。當代取消文化的原產地是美國，其內涵一言以蔽之，就是在如今社群平台的時代裡透過集體抵制的手段，讓一系列引發爭議的言論者失去平台曝光的機會，而這些言論則涉及種族主義、厭女、恐同、恐跨性別、反猶太等仇視性意涵，無論是明文表達的，抑或只是言辭下的弦外之音。

再者，社群平台上的抵制也往往能延伸到社會現實裡，例如對爭議言論者的公開活動進行抗議施壓，使其退出活動，甚或迫其離開現有的工作崗位等

等。於是乎，剝奪平台曝光的集體抵制乃擴大成系統性的社會排除，旨在讓對象的個人聲譽破產，並遭受社會性死亡的懲罰。

取消文化之所以在民主社會中頻頻引發爭議的真正癥結點，並非是秉持道德原則對歧視與仇恨言論進行撻伐，而正是在於將道德抵制無限上綱，變成鋪天蓋地執行社會懲罰的戰鬥工具；並且關於誰該被抵制、被懲罰，也主要是透過社群網路上各種ＫＯＬ、言論風紀自走砲的一呼百應、召喚集體情緒滾雪球的出征行動來決定，而不再依賴傳統民主文化下有來有往的公開辯論。

正因為與公共辯論脫節，取消文化不可避免地染上了不同程度的教條化傾向，有時也儼然成為一種「去中心化」、沒有權威機構的，但卻依然具有實際懲罰力的言論審查。這種社群網路時代所內生的新式言論審查，當然與威權或極權統治下的言論審查大不相同（有反對者將取消文化（以及與其緊密相連的「覺醒主義」）怒批為「法西斯」，其實是混淆了兩者的關鍵差異），但它就像一切教條化的言論審查那樣，往往帶著過度敏感的歇斯底里，在真正該被撻伐的對象之外，也經常讓戰線失控、牽連他者——而這也是出於對這種去中心化，卻又敏感嚴厲之「蜂群式」言論審查的畏懼，讓被排除在公審團之外的不少人自覺受到某種看不見、無定形，卻又無處不在之言論權威的規訓。

此一原生於美國身分政治盛行之社群網路生態的取消文化，對德國社會而言原本是相對陌生的。在美式取消文化開始廣泛流傳進德國之前，勉強能稱得上是「德式取消文化」的，或許就是自二戰以來的唯一社會禁忌：亦即德國社會對新納粹主義，以及對一切否認二戰罪責之言論的「取消」。然而，這樣的「取消」卻是立基於德國社會一九八〇年代對於歷史反省的公共辯論——特別是一九八六到一九八七年間著名的「史家大論戰」（der Historikerstreit）——所獲得的深刻社會共識。

對納粹的「取消」自此成為維繫聯邦德國之共同體的主流共識，此一成功的公共溝通經驗也讓德國知識分子與政治人物在面對危機與內部分歧時，特別傾向強調以民主文化下的公共辯論作為克服困境的解方——當代德國的政治國師、舉世聞名的哲學家哈伯瑪斯（Jürgen Habermas）如是，而本書作者、被哈伯瑪斯盛讚為能同時扮演好哲學家與政治家角色的尼達諾姆林亦如是。

然而對德國社會而言，二〇一五年或許可以說是德式公共辯論的信念衰落，急速傾向美式取消文化與「網路屎尿風暴」（Shitstrom）文化的關鍵分水嶺：該年夏末到隔年初，人數近百萬的難民潮（多數來自敘利亞、阿爾及利亞、阿富汗等伊斯蘭國家）湧入德國，收容體系的崩潰引發普遍的社會不安；二〇一五／六年的跨年夜，科隆街頭更爆發了數百名女性受害的大規模性騷擾事件，嫌犯大多數為伊斯蘭裔難民或非法移民，極右民粹（乃至新納粹）則趁勢靠著煽動恐慌與仇恨伊斯蘭而崛起。

面對極右民粹挾帶各種「另類事實」、勢不可擋地突破戰後德國的社會禁忌，主流輿論只能選擇堅壁清野，一時之間讓德國社會形成了「歡迎文化VS.恐伊斯蘭」之黑白分明不由分說的尖銳對立，而美式的取消文化也自此廣泛蔓延進德國的公共領域——圍堵極右民粹的動機有如一顆投入池塘的石頭，讓取消文化的守備範圍如漣漪般的同心圓層層擴大、反彈變形，從駁斥恐伊斯蘭的陰謀論到批判家父長式的厭女發言、從審查疑似不尊重LGBTQ+的蛛絲馬跡，到二〇二三年十月以巴衝突爆發後「挺猶太VS.挺巴勒斯坦」陣營的相互指控……。

諷刺的是，無論在取消文化盛行的美國或是緊隨其後的德國，人們所亟欲取消之「政治不正確」的歧視言論以及右翼民粹的反民主勢力，都無法真正地被「取消」。相反地，隨著美國進入川普2.0時代、德國極右民粹政黨AfD穩定成為民調第二大黨，教條化的取消文化（以及覺醒主義）所引起的反感倒是成為不斷激發右翼民粹的動能，使後者論述能抓住時代風向的源頭活水——「取消文化」這個詞甚至就是被右翼誇大地挪用來抨擊教條化之覺醒主義的概念武器。藉此，本質上反民主的右翼民粹反倒能夠號稱他們反對取消文化與覺醒主義、反對多元社會與自由平等的價值，是為了要「捍衛民主社會的言論自由」。

如此民主轉成反民主、反民主轉成民主的走鐘辯證，無疑是德美兩國眼下遭遇之不同程度的民主危機之中，最荒誕的一齣謬劇。在這樣的謬劇裡，堅信民主自由價值的公民幾乎都要陷於失語當中。儘管正如本書作者尼達諾姆林所強調的，如今造成民主危機的根源主要來自右翼民粹，而非取消文化及覺醒左翼，但不可諱言的是，後者的教條化卻大幅度地加速了民主文化的自我崩解，且其堅壁清野的態度，又讓民主文化更加難以自我療癒——一切對於「取消文化／覺醒主義／政治正確」的認真反省，彷彿都無可避免地會變成替右翼民粹遞刀的自殺行為。

那麼，民主文化為何會陷入失語的窘境呢？又或者說，如今的民主文化遺失了什麼關鍵的東西呢？作為一位人文主義的實踐哲學家，尼達諾姆林在本書中給出了一個十分素樸但正直的答案：啟蒙精神。這個答案在覺醒左翼與右翼民粹這兩股時代潮流如火如荼地進行政治壕溝戰的今天，顯得特別老派——因為啟蒙正是保守的右翼民粹向來所輕蔑的，而時髦的覺醒左翼則急於批判與反抗的共同敵人。

懷著如此老派的關懷寫下這部反思「取消文化」的小書，作者並沒有像歐美書市中眾多其他批判覺醒左翼的時論那樣，羅列後者在理論根據或政治實踐上的缺陷、做些大快人心的點評。反之，啟蒙精神帶給尼達諾姆林的餘裕是如此地慷慨，讓他更向後站遠了一大步，從哲學史的長鏡頭，一五一十地去追溯

「取消文化」從古代至近代的思想根源，藉此釐清相關的思考原則、對照當前問題之複雜，同時也讓讀者勇敢地運用自己的理性，來做好民主如何面對那些假藉民主來反民主之挑戰的課題——這種理性的餘裕，或許正是民主文化的自我療癒所需要的。

面對取消文化，比起德美兩國，臺灣也還擁有更多一點的餘裕，畢竟所謂「政治正確」的「左膠」在臺灣至今都沒有站上主流的位置（儘管近幾年來臺灣的社群網路上開始流行套用美國舶來的右翼政治世界觀，試圖也要把臺灣也理解成「左膠禍國」的重災區），而我們也還能在身分政治的文化戰爭尚未走到那種地步之前，把握時間，藉著尼達諾姆林的這本書，溫習啟蒙的精神，以及民主文化中公共辯論的勇氣。

前言

「取消文化」是一個會引發歧見的情緒化詞彙。一些取消文化的實踐者稱之為「去平台化」，並且憤怒地否認這是一種審查形式。畢竟，只有國家才有權行使審查制度。其他人（多為政治上的保守派或右翼自由主義者）則認為取消文化是對民主的一大威脅，他們捍衛言論自由，反對左翼自由主義主流的言論警察。這場爭辯也包括性別正確語言的議題，因為許多人覺得語言運用受到道德制約，或如艾兒克・海登萊希（Elke Heidenreich）和其他許多作家所抱怨的，在民眾壓力下被迫腐化語言。

這些爭論和詭辯僅會在本書附帶一提，本書的重點將以取消文化現象作為切入點，進行更為深入的剖析。事實上，制止不受歡迎意見的做法由來已久；

它可以追溯至古希臘羅馬時期，而且幾乎在各時代都以截然不同的樣貌影響著多數文化的社會和文化生活。[1] 取消文化不僅以去平台化的形式存在，還存在於民粹的煽動和對異議者的迫害中，如果你反對這種做法，那麼你就是在捍衛作為啟蒙計畫的民主。但是，這個計畫究竟意味著什麼？多元性和政治判斷力在其中扮演什麼角色？何謂政治判斷力？這些分析提出了哪些認識論問題？又該如何解決這些問題？

基於此，本文並不是又一場表面政治交鋒的貢獻，這場交鋒已伴隨了我們多年，而在美國已持續數十年。遺憾的是，它將繼續伴隨著我們。本書嘗試釐清術語和論點，將會遠遠超出取消文化的最初現象，但為了對抗當前對自由和社會民主及其公民文化基礎的威脅，這麼做卻是必要的。

這本書是為了關注當前的文化發展而寫，但仍然充滿了根深蒂固的人文主義者的樂觀態度。目前，對民主作為政府和生活形式的最大的威脅，並非來自

1　本書結尾處的案例研究章節彙整了一系列來自不同時代與背景的例子。

左翼的取消文化，而是來自右翼的民粹勢力，至少在大多數歐洲國家是如此。然而，文化與政治的畸形發展——包括取消文化的擴張——使得這些勢力更為強大。由於新舊世界強權之間的衝突，以及專制、獨裁、有時甚至是極權政體的強化與擴張，民主制度的內在挑戰伴隨著日益增加的外來挑戰。甚至外來挑戰還可能有助於克服內在挑戰。[2]

作為一種政府與生活形式的民主面臨著眾多威脅：經濟績效和技術創新的損失、氣候危機造成的經濟和社會過度負荷、資源供應短缺、加劇不平等導致再封建化。公民文化和民眾的理性運用遭受侵害也只是這些威脅之一。倘若不加以制止，在最佳狀況下民主只會剩下選舉、議會和政府等外在形式，而其本

2 俄羅總統下令對烏克蘭發動的侵略戰爭，不僅讓歐盟在重要議題上團結一致，也讓此前日漸瓦解的跨大西洋聯盟愈形緊密。與此同時，在安全政策上對美國的依賴，意味著歐洲作為全球和平秩序的貢獻，尤其是法國及其他歐洲國家所主張的的外交政策主權，變得遙不可及。這些國際衝突引發的的經濟和社會危機將對民主的長期發展產生什麼後果，目前難以預料。危機時期和戰爭時期對於公開的意見交流、尊重與認可的公民文化，往往十分不利。參見Julian Nida-Rümelin et al.: *Perspektiven nach dem Ukrainekrieg.* Freiburg i. Br.: Herder 2022.

質則消失殆盡。

自二〇二一年夏天我開始撰寫本書以來，民主的威脅與日俱增：在歐盟內部，瑞典和義大利右翼民粹主義政黨在選舉中獲勝，而匈牙利和波蘭的民主也遭受進一步侵蝕。此外，還有與專制及獨裁政權之間的國際衝突等外部威脅。在這樣的時代，維護民主實踐的本質及其文化根基，並在其蒙受傷害時來修復，就顯得格外重要。為了維護並鞏固民主，就必須捍衛人文主義與啟蒙，對抗不寬容、無知、煽動與拒絕論述。我將本書視為對此的貢獻。

第一章　不同理論中的取消文化

Cancel Culture in unterschiedliche Theorien

關於取消文化一詞

取消文化是貫穿人類文化史的古老現象：以令人忐忑不安的方式，讓那些與自己觀點相悖的人三緘其口。這些手段有時是致命的，例如中世紀和近代初期的異端審判。除了肉體死亡的威脅或執行之外，還有社會性死亡的做法，亦即長期被排除在社群之外。

在羅馬帝國，除了謀殺之外，放逐也是深受皇帝和權貴喜愛的取消文化手段。社會性死亡不僅是從上到下的命令，也是從下到上的實踐。從希臘城邦的陶片放逐法（Ostracism）[1]，迫使長期受雅典人愛戴的阿爾西比亞德斯（Alcibiades）將軍在對抗敘拉古（Syrakus）的戰爭中途放棄軍事任務，返回雅典向法庭答辯，[2]一直到日常以五花八門的形式進行的貶低、誹謗、攻訐、汙

---

1 譯註：古代雅典城邦的一項政治制度，人民以投票方式強制將某個人放逐。透過在陶片上書寫「放逐候選人名字」的投票方式，將可能的人民公敵或對雅典社會造成潛在威脅的政治人物暫時流放異地。

2 普魯塔克（Plutarchus）：《阿爾西比亞德斯11》（*Alcibiades 11*）與《尼西亞斯13》（*Nicias 13*）（西元前四一七／一五年）。這是最後一次放逐投票。最終，訴訟的矛頭指向請願人海柏波拉斯（Hyperbolos）本人，這顯然使得這種全民表決的形式失去信譽，陶片放逐法自此在雅典不再援用。

巇、詆毀——通常不給當事人公平機會為自己辯護、平反，並找到重返社會的方法。取消文化的目的即是打壓不受歡迎的意見。

與取消文化做法相反的模式，既不是教會、甚至儒家所謂的**大和諧**（*concordia*），也不是柏拉圖式的**和諧美德**（*sophrosyne*），而是啟蒙性批判。人具有理論理性的能力，他們尋求知識，希望對事件做出解釋。此外，人將自己的實踐經驗嵌入每個人可以實踐的合理結構之中，還具有實踐理性的能力，而所有形式的啟蒙都是基於這兩種緊密相關的人類能力，其目的在於啟動與促進這兩種能力，並塑造政治、社會與文化條件，使它們變得切實有效。批判是啟蒙的一貫特性，通常是從批判那些與人類美好生活背道而馳的偏見和做法開始的。批判迷信、偽科學、意識形態和不人道行為是啟蒙的開始，而啟蒙之外的另一種選擇是重新陷入非理性和非人道之中。

啟蒙作為一種理性的實踐，是以樂觀的人類學為基礎，但數十年來，它一直採取防守態度。這是因為它的對手眾多，而它的捍衛者卻膽怯。並非人人都意識到，它的衰敗不僅會威脅到我們先前可能認為理所當然的若干信念，還會威脅到一種沒有民主就不可能存在的生活形式。

啟蒙計畫的優點同時也是它的缺點。它相信人類的理性，認真地將批評者當成對話夥伴，而不是將他們視為要對抗的敵人。它的優點在於它的普及性與包容性，但這也正是它的缺點。如果它要用敵人的手段（而取消文化是其關鍵部分）來捍衛自己，形同放棄啟蒙。因此，啟蒙必須在不危及自身基礎的情況下捍衛自己。

這也是這本書的觀點，是一個不只向忠於啟蒙計畫的人提供對話機會，也給予那些告別啟蒙計畫的人對話機會。同時也呼籲理性，甚至在面對那些鄙視理性的人時也是如此。

取消文化被視為一種透過以下方式讓異議者保持沉默的文化實踐：

一、制止、阻礙，或至少讓這些意見的表達變得困難。

二、讓持有這些觀點的人噤若寒蟬，將他們排除在討論之外，或至少將他們邊緣化。

三、持有這些觀點的人會遭殺害、迫害或處於劣勢，進而傷害他們個人生活方式的自由。

取消文化可根據具體的歷史案例和當前案例分為三個級別。[3]本書的核心將有系統地分析這種現象，目的是找出取消文化所有做法的替代方案：一個啟蒙和民主傳統中的判斷力理論。

柏拉圖：所有取消文化的鼻祖？

柏拉圖的矛盾性很適合作為這個主題的開始。這位偉大哲學家的著作具有高度的文學性，但令他的許多讀者大為驚恐的是，他在《理想國》（*Politeia*）中主張將藝術家驅逐出城，尤其是悲劇的劇作家。不過，人們往往忽略他在這部著作的較後面章節中，說明了允許藝術家返回城邦的條件。科學和認識論理論學家卡爾・波普（Karl Popper）由此得出毀滅性的評論：柏拉圖是封閉社會

3 參見本書末由娜塔莉・維登菲爾特（Natalie Weidenfeld）彙輯的〈取消文化：簡短的案例研究〉。

的激進代表，也是極權獨裁的原型。

在柏拉圖書中，蘇格拉底引用認識論、政治學和心理學的論點，來支持將藝術家趕出城邦的提議。認識論的論點指出，藝術作品阻礙了人對現實的接觸，它們只是圖像的圖像。對柏拉圖而言，現實是建立在深層的結構（所謂的 *eidé*，被誤譯為「理念」）之上，而根據他的說法，表象世界僅由這些原始圖像的影子組成，藝術反倒從中創造了或多或少成功的複製品，因此它非但沒有深入現實，反而愈來愈偏離現實。

政治學的論點認為，藝術作品會破壞城邦的和諧，產生煽動和分裂的後果。心理學的論點則認為，正直的人會在城邦各部分之間的友好關係中反映出城市的和諧，而藝術作品卻會危害他們所產生的心靈平靜。對柏拉圖來說，**個體靈魂**（*psychē*）與**城邦**（*pólis*）的結構平等是基於整體的結構理論，而整體的各個部分之間處於一種平衡且彼此穩定的關係，但藝術破壞了這種**靈魂**與**城邦**的和諧。藝術家擾亂了城邦的秩序和個人的心靈平靜。

在現代藝術中，尤其是在文學和電影理論中，有時會提及從藝術蔓延至現實世界的「通俗劇化」（Melodramatisierung）。[4] 柏拉圖批判主導他那個時代的道德意識，那些僅以片段殘存下來的悲劇文學；而亞里斯多德則用他的**淨化**（*kátharsis*）理論將其轉化為正面的東西，亦即認為觀賞悲劇演出而引發的震撼會引起內在的淨化。然而，兩人似乎都同意藝術有助於成功的人生。反之，結論本身同時暗示，如果藝術沒有做出貢獻就應該保持沉默。即使在歐洲啟蒙運動的全盛時期，這種幸福主義的態度仍然存在，而功利主義的精神下科學的蓬勃發展或自由的賦予，被視為改善整體福祉的工具。

然而，唯有當啟蒙學會欣賞人類精神本身的多樣性表現，而不只是作為其他目的的工具時，它才會起作用。啟蒙計畫的核心是尊重理由。我們將代表信念的理由稱為「理論理由」，將代表行動的理由稱為「實踐理由」。引導我們的應該是更有力的論點，而不是其他的考量因素。因此，**認識論的理性**（*Epistemische Rationalität*）構成啟蒙的核心：決定對錯的不是神職權威或王

4 Nathalie Weidenfeld: *Das Drama der Identität im Film.* Marburger Schriften zur Medienforschung 2012；Dies. :»Das große Beichten«. *Süddeutsche Zeitung* vom 19. 12. 2018.

權，而是衡量正反兩面的理由。科學是啟蒙之子；沒有啟蒙、缺乏對更好論點的尊重，就沒有科學。

這就是柏拉圖哲學的矛盾：它想以有根據的**知識**（*epistéme*）來取代單純的**意見**（*dóxa*），亦即純粹的偏見，並依靠科學與哲學的理性來組織社會形塑公平。同時，它也害怕被多元化和差異性激怒。只有少數人能夠踏上哲學、科學的道路，最後達到美好的願景，至於其他人則應該**明理地**（*sophrosýne*）聽從這些少數人的意見。少數人指出方向、多數人跟隨，而那些「知道者」會得出一致的理念，以為多元化、差異性、意見分歧和政治衝突是失序的表現，都可以透過純粹的知識解決。但是，柏拉圖錯了，許多至今依然渾然不覺地固守這個觀念的人也錯了。真正的科學是多樣性的，它尊重假設和理論的爭論、不斷的衡量論證、永不停歇地追求正確的信念。它不會通往統一的美好願景，而是一直在前進的路途上，並且涵括所有的人，甚至那些錯了的人。它對錯誤的態度是友善且包容的。科學與取消文化、排斥藝術、排除令人不快的意見、意識形態化和孤立是互不相容的。

柏拉圖的《泰鄂提得斯對話錄》（*Theaetetus*）是一篇討論「什麼是知識」的對話錄。在所有關於知識的可能定義，特別是那些只將知識視為權力或財富工具的定義都行不通之後，蘇格拉底引導他的對話夥伴得出以下的結論：知識是有根據的真實觀點。在某一個立場上，他反對那些想要在意見之爭中勝出，卻對找出事情真相不感興趣的舌戰藝術家。

這篇《泰鄂提得斯對話錄》無疑可被視為啟蒙計畫中最早、最令人難忘的文獻之一。知識是根據的真實意見，而衡量理由的目的是要導正錯誤，獲取知識。與當代流行的看法相反，爭取更好的論點並非權力鬥爭。如果發現對方提出的論點是錯的，並不表示有人被擊敗。如果一方的論點令人信服，也沒有人會在權力鬥爭中勝出。你來我往的爭論、支持與反對理由的權衡，都有其自己的邏輯，而這不可能在權力範疇或是利益範疇中重建。這就是《泰鄂提得斯對話錄》的結論。我們將其視為啟蒙計畫的中心，任何放棄這一中心的人都會陷入黑暗的、啟蒙之前的時代，在那時代中論點並不代表自己，而不過是達成知識以外的東西之手段，例如權力或財富。

亞里斯多德：公民宗教

一些解讀者將亞里斯多德闡釋哲學的方法稱為「從俗的」（topisch）。這意味著亞里斯多德不同於柏拉圖，他不想以基本的科學／哲學知識取代我們的日常知識，而是相信生活世界的經驗。因此，他的論證大多從人們認為是對的東西，也就是每個人都能同意的**尋常事物**（*tópoi*）開始。然而，他的論證不止步於此，而是超越了這些**尋常事物**來發展出一套可行理論，盡量接近我們一致認為是對的事物。然而，在某些情況下，這套理論卻迥異於一般觀點。

其中一個例子是亞里斯多德的生活形式理論。他認為成功的生活只有兩種方式：實際性的和理論性的。在實際的生活方式中，人類的能力在日常的行動、合作和參與政治團體（即當時的希臘城邦）中發展。**公民**（*polites*）是城邦中的男性自由住民，他們不容忍受統治，而是與他人共同行動，以盡可能造就有利的城邦生活條件。**公民**不是政治人物，而是一個實際的力行者。他們基於生活經驗，為人們實現美好生活做出貢獻，而非基於科學。

至此，這個理論至少在亞里斯多德的同代人中被廣為接受。不過，亞里斯多德隨後解釋，還有第二種更好的生活形式，他稱之為「理論性的生活形式」，意指從繁忙的生活中抽身而出——尤其是政治生活——並將沉思、哲學判斷作為生活重心。想必亞里斯多德自己也察覺這不太符合他的實用主義觀點，因而補上以下的說明：正是這種生活形式創造了與諸神的共通性。他顯然不是把諸神想像成實際上活躍的存在，而是觀察到的、推理的存在。

嚴拒大眾的生活形式並反常地稱頌回歸純粹的觀察，我們無法假定這獲得了普遍的認可，不過數世紀以來，這首頌歌以不同的旋律迴盪至今。西塞羅對這種**閒暇**（*otium*）理想的人類生活形式讚不絕口，而他自己偏偏身兼律師、雄辯家、政治家等角色，捲入許多政治紛爭，接著是中世紀的**默觀**（*contemplatio*），本意是讓基督徒更接近上帝，以及當代的休閒協會或受禪宗佛教啟發的靜修。

亞里斯多德似乎壓根就不想費力抵制相互衝突的意見。相反地，他試圖將最多的學科、方法和經驗連貫性地納入一個大型整合計畫中。亞里斯多德不識教條主義為何物，而在其著作中，柏拉圖對異議者特有的蔑視、對詭辯和修辭的尖銳爭論，都轉為一種至高無上、慈善的寬容。然而，亞里斯多德也有一種惹惱人的矛盾性。

一方面，他對不同政體有著同樣不同的描述，對君主制、貴族制或民主制是否為最佳政府形式的問題也保持著一定距離。一人統治（君主制或暴政）、數人統治（貴族制或寡頭制）與全民統治（民主制或暴民統治）都可能有好與壞的變體，但他建議強制性的宗教與文化的儀式及習俗，人人都必須參加，逃避者將面臨懲罰。考量到亞里斯多德著作中瀰漫著宗教的冷漠，這是一個令人驚訝的建議，而這在政治哲學史上被稱為「公民神學」：善意的詮釋認為，這是為了創造一種社群連結，少了這種連結，政治社群就無法繁榮興盛。批判性詮釋則認為，亞里斯多德大半輩子都以馬其頓的**半公民**（*métoike*）身分，在多元文化大都會的雅典度過，他堅持一種在他的時代已經過時的文化同質性觀念。[5]

5　參見古典時期一個關於取消文化和造謠運動的明例：Theodoret von Kyros: » Unterscheidung von Lüge und

然而，用盧梭（Jean-Jacques Rousseau）的話來說，現代共和國也將自己視為一個道德共同體，[6]由共同的公民倫理（bürgerschaftliohes Ethos）所維繫；也許，這正是亞里斯多德想要對我們指出的。世俗共和國並非建立在前政治文化同質性的基礎上，當然也不是建立在共同的宗教信仰上，而是建立在公民共享的共和國精神上，以及對其制度、習俗與儀式的共同推崇上。盧梭將共和國視為道德團體的思想，無疑具有公民神學的色彩。但是，在現代民主國家的發展過程中，人們發現這種結合宗教、地域與文化（個別）身分的整體政治認同的共和國理念，經常導致政治與社會實踐中對異己信念的排擠、邊緣化及打壓。法國努力追求語言文化的同質性就與共和國的理念背道而馳，這造成一些人被同化，另一些人則遭排擠，成為被鎮壓或被容忍的少數民族。凱末爾

Wahrheit, Abriss über die üblen Märchen der Häretiker. Zusammenfassung der göttlichen Lehrsätze«, in : Benjamin Gleede (Hg.): *Die Griechischen Christlichen Schriftsteller der ersten Jahrhunderte (GCS)*. Berlin/Boston: De Gruyter 2020.

6 Jean-Jacques Rousseau: *Du contrat social ou Principes dudroit politique*, 1762, (dt. Ausgabe: *Vom Gesellschaftsvertrag oder Grundlagen des politischen Rechts*. Berlin: Insel Verlag 2000).

（Atatürk）的土耳其共和國將少數民族庫德族貶為「山地土耳其人」（Bergtürken），並打壓他們的語言文化。文化差異被否認，表達文化差異的人被壓制。

神職權威

宗教團體的特徵是宗教經驗與教條，也就是不容辯駁的信仰。這兩個基本元素之間的關係因宗教團體而差異甚大。在某些宗教團體中，教條扮演著核心角色，而在另一些宗教團體中則不存在一套決定宗教團體的固定教條。亞伯拉罕宗教（Abrahamitischen Religionen），也就是猶太教、基督教與伊斯蘭教，在這方面也互不相同。非一神教的宗教通常完全或至少在很大程度上摒除教條。然而，一旦宗教教條起重要作用，就會造成篤信這些教條的人與質疑或不接受這些教條的人之間產生差異。

對待異己的方式從威脅殺害背離（伊斯蘭）信仰者到廣泛的寬容，尤其在某些佛教宗教團體中，他們甚至警告新的西方信徒不要放棄原有的信仰，並以莫大的寬容看待佛家與儒家、基督教或神道信仰的結合。這種包容性之大，有些神學家甚至否定了佛教的宗教性。事實上，正如所謂的京都學派（Kyōto-Schule）所指出的，轉變為以哲學為基礎的神祕主義的過渡程序是彈性而流動的，尤其在禪宗裡。反之，大多數穆斯林團體非常看重他們的教條和生活規範，並不存在兼容性。

基督教的宗教性似乎與萬物有靈的精神傳統和睦相處，從非洲和巴西的許多融合現象就能看出這一點，而穆斯林宗教團體則將自己視為另一激進的選項，嚴拒與萬物有靈的傳統有任何關聯。尤其在薩赫爾地區（Sahel-zone）的穆斯林和基督教地區之間的文化鬥爭，也是出於這種不可妥協的差異。

在某些宗教團體中，教士的學術掌控了權威和權力。即使流亡巴黎，霍梅尼（Ayatollah Khomeini）無疑仍是許多伊朗人心目中的政治權威，因為他毫無異議是伊朗什葉派的最高學者。在神職權威之下通常伴隨著異端現象，它以批評、迫害與打擊異己來維護自己。西方基督教數世紀以來血淋淋的異端審判即是殘酷的證明。正統的釐定常常還同時涉及這些問題：什麼構成「正確的」基督教信仰？哪些教條是神聖不可侵犯的？還有確保神職權力不受競爭者的威脅。世俗領域與宗教領域之間的激烈鬥爭，最明顯地表現在敘任權爭議（Investiturstreit）上，也就是主教和其他教會權貴的任命究竟是皇帝還是教宗的權限。同時，教會內部對於定義權（亦即基督教的構成要素）也迭有爭議。教宗的絕對正確教義和嚴格的基督教會階級制度，在宗教分裂之後僅在天主教中延續下去，目的是確保教義和基督教團體的團結一致。

當宗教分裂已無可避免時，雙方的教條主義、對待異教者的無情、神職權威與政治權力的相互結合，累積成了刻入文化記憶中的三十年戰爭（一六一八至一六四八年），歐洲在這場宗教派系戰爭中走向深淵邊緣。在許多地區，多達三分之二的人口成為這場衝突的犧牲者。兩個基督教教派及各自政治盟友之間的戰爭是殘暴冷酷的，與新約聖經所傳遞的訊息背道而馳。許多跡象顯示，如果沒有這段傷痛的經驗，歐洲就不會走上啟蒙之路，而現代民主也不會存在。

被視為絕對主義思想家的霍布斯（Thomas Hobbes），為了防止宗教教條主義和基本教義派帶來的災難而奠定了理論基礎。自彼時起，唯有政治主權者才能透過法律來決定國家的正義。這位主權者代表全體公民的共同意志，只有將所有暴力手段轉移到一隻手上（國家對暴力的壟斷），才能終結因宗教觀點、個人利益、對榮譽與名聲的要求而爆發進一步的暴力衝突。既定的法律確立了國家的正義（法律實證主義的早期形式），由此保障的國內和平讓個人可以追求自己的利益，而無需擔心暴行和內戰，如同霍布斯在《利維坦》（*Leviathan*）一書中所言，正是中央威權的力量**讓他們所有人敬畏**（*to keep them all in awe*），才確保了國內的和平。而且，矛盾的是，此舉還消弭了公民對暴力的恐懼。在自然狀態下，導致人人互相對抗的戰爭的三個衝突因素：**競爭**（*competitence*）、**猜疑**（*diffidence*）、**榮耀**（*glory*）（對稀缺物品的競奪、不信任和對名聲的欲望），而在國家建立起強制性的和平秩序之後，只剩下第一種衝突原因——競爭，而現在無論如何都必須在無法使用暴力之下進行。霍布斯無疑是自由主義者的原型，他相信如果每個人的安全都能獲得保障，公民就會參與和平貿易與改革。

但是，這種國內和平也必須付出代價，那就是終結宗教教條對政治領域的影響。宗教團體只能關心信徒的救贖，被迫退出政治領域。霍布斯並非如反對他的教會人士所想的是個無神論者，至少他奮力雄辯，證明他的政治理論和聖經是兼容的。他更擔心的是宗教對真理的主張、宗教團體的基本教義主義和教條主義會將世俗國家視為唯一出路。這樣的國家允許任何人做任何事，只要不與國家壟斷使用暴力的權力相牴觸。有關公平的政治秩序與政治權力合法化的爭議，透過將所有暴力手段一次性且永久性的移轉給中央機關而結束。由該中央機關所頒布的實證法得到了保障，人人均能從中獲益，而奇怪的是，霍布斯並不擔心如何確保這些建立中央機關的人能夠控制，並在必要時馴服**利維坦**。正如再版的《利維坦》中那個令人印象深刻的聖經怪獸雕像所表明的，利維坦代表了全體公民，而其本身並不是一個有自身利益的行動者。確保和平的理性秩序壓制了所有提出相互競爭的政治真理主張的聲音。遏止人們心中再度燃起發動內戰的火苗是必要的，專制國家的世俗法律體系取代了宗教統一時代締造和平的神職權威，而這也是一種在取消文化尚未被命名之前（avant la lettre）的激進手段。

盧梭對專制主義提出嚴厲批判，他在這方面反對霍布斯，並成為法國大革命的靈感來源，甚至更進一步要求每個人對共和國的完全自我釋放。更確切地說，他要求**資產階級**（即個人）完全臣服於共和國，不保留個人權利與自由、人身不可侵犯、意見與言論自由、集會與結社自由。只有在作為**公民**（*citoyen*）、作為共和國議會的一員，在議會中為了共同利益進行商討並通過法條時，個人才是自由的。這會發生在一致同意的理想情形下，如此一來就不會有人失去自由，因為自定的法律並不代表對自由的限制。作為**公民**，人的原始自由——即盧梭所認為的自然狀態——得到了恢復，而另一方面，**資產階級**則聽任共和國立法者的支配。

尚未被命名的取消文化不僅以專制主義的形式，也以共和國的形式存在。從一七八九年以來的法國大革命走向可以看出，這可以成為血腥的現實。幾個具備個人魅力的道德守護者成為生死的主宰，並建立血腥的恐怖政權。源自人文主義的共和主義在暴力狂歡中告終，最後導致了拿破崙帝國主義的興起。然而，共和國自由的靈魂已自瓶中飛出，再也無法強行塞回去。自由與集體自決成為現代民主中兩個關係緊繃的支柱。

約翰・洛克：或是人類自由權利的理念

直至今日，在民主制度中個人自由的地位在政治哲學中仍有爭議。是民主權力受到不同形式限制的問題嗎？自由權是否定義了民主主權可以做什麼、不可以做什麼的外部界線？或者，按美國自由主義哲學家羅伯特・諾茲克（Robert Nozick）的說法，權利是否具有**約束作用**（*rights as constraints*）？民主只不過是個人權利和自由的實現？意見、言論與新聞自由權是由民主主權者授予的，還是它限制了民主主權者作為集體決策機關的權利？

對這些問題的不同答案標示著整個政治領域規範理論的多樣性範疇，尤其是關於民主的不同理論。約翰・洛克代表了這一範疇的一邊，霍布斯則代表了另一邊。對洛克來說，無論生活在自然狀態或任何形式的政治秩序中，人都擁有基本權利：生命權、身體自主權與合法獲取財產權。這些權利是任何人都無法剝奪的；也可以說，人本身就擁有這些權利，即使沒有人賦予他們。然而，這些權利卻可能遭受侵犯。洛克是人類學上的樂觀主義者，他認為我們從根本上承認，並尊重這些權利。但是，由於人並非十全十美，侵犯權利的行為時有所聞，如果缺少一個以所有人同意為基礎、由國家保障的法律秩序，權利受損的個人將被迫訴諸私刑。侵犯者和受害者之間將產生歧見，導致衝突升級，甚至在某些情況下會引發一連串的報復行為，而在此過程中，糾紛的根源卻被忽視。

我們絕不能說洛克總結了他所處時代的共識；相反地，封建秩序在當時仍根植於文化之中。因此，這種認知必須抵抗封建主義和教會的意識形態。但洛克顯然有信心，互相承認所有人的基本權利與自由的理念將會獲得普遍認同。封建主義仍被當時許多人認為是理所當然的事實，在洛克看來是非理性的。封建主義的文化實踐與人人擁有不可剝奪的權利和自由的基本洞見是水火不容的。

只要基本的權利與自由是獨立於策略性的政治考量之外，洛克政治思想的模式就與我們的主題相關。賦予權利並非為了實現特定目標；自由不為經濟效率效勞，而是限制政治、社會與文化實踐中允許的行為。即使人們承認生命權、身體自主權與合法獲取財產權是基本權利，人權論述的動力從最初就已再清楚不過：假使無論政治機會與經濟目的為何的情況下，人權都適用，而如果人類個體因此不只是作為政治與經濟目的最佳化的工具——這個想法後來成為康德（Immanuel Kant）整個實踐哲學的基礎——那麼這三項基本權利將與其他權利結合起來保護個人不受他人侵犯，而不再只是針對國家與神職權威的侵犯。一旦人們確認了不可侵犯的個人權利，他們就會一再地詢問：這些權利是否足夠，還是需要補充才能充分保護個人免受侵犯？當人們意識到基本權利不能與人類行動的其他目標相抵銷，個人在規範之下就只能獲得自由而不再失去自由。

當然，這並不排除篡位者、專制者、獨裁者，也不排除宗教或文化團體、神職權威、政治煽動者和意識形態主義者侵犯與限制，甚至摧毀這些自由的可能性。這些侵犯人權行為的手段五花八門，從公開發言的恐嚇到各種打壓或長期邊緣化令人不舒服的活躍分子，再到對個人生命和肢體的攻擊——針對個人的，以及迫害不受歡迎的、令人不適的、政治上、宗教上或文化上持異議的較大社群。種種舉措涵蓋了從現今的取消文化到種族滅絕的整個範圍。

康德模式

到了近代，康德才成功地以個人的權利和自由的形式概念化了人的不可侵犯性，讓人無條件地擁有這些權利和自由，而非達到目的的手段，這就是個人尊嚴的概念。人有不可衡量的尊嚴，但沒有可衡量的價值。事實上，價值概念來自經濟學，然後才進入道德語言。這種將經濟概念轉移到道德領域的做法顯示，經濟理性也可以相應地擴展。第一步是確定人類行動的目標，也就是要實現或追求的價值，以便有效地調整行動，以最低成本取得最高回報。舉例來說，如果我想要拯救人的生命，那麼目標就是盡可能避免更多人死亡。如果可以透過犧牲個人來拯救更多人的生命來實現這個目標，它就是有效的做法；它可以降低成本（死亡人數），獲取最大的回報（拯救的人命）。我們有什麼理由拒絕這種結果論的計算方式呢？目前，澳洲的生物倫理學家彼得・辛格（Peter Singer）尤其是該計算方式堅定有力的代表。[7]

伯納德・威廉士（Bernard Williams）做了一個思想實驗，作為反對它的理由：假設在美國西部拓荒時代的一個小鎮裡，每到晚上在酒精的催化下總會發生槍擊事件造成傷亡。一天晚上，警長介入逮捕了兩名嫌犯，他認為這兩人對酒館的衝突升級要負一部分責任。然而，在審訊過程中，他發現自己抓錯了人，但當局史無前例的鎮壓行動所帶來的騷動已經引起了巨大恐慌。兩天以

7 參見Peter Singer: *Practical Ethics*. Cambridge: Cambridge University Press 1979 (dt. Ausgabe: *Praktische Ethik*. Stuttgart: Reclam 32013); ders: *The Most Good You Can Do. How Effective Altruism Is Changing Ideas About Living Ethically*. New Haven: Yale University Press 2015 (dt. Ausgabe: *Effektiver Altruismus. Eine Anleitung zum ethischen Leben*. Frankfurt am Main: Suhrkamp 2016).

來，槍械暫時被放下，當地又重回期盼已久的平靜。基於審訊結果，警長必須釋放兩名被捕者。但他合理的擔憂是，如此一來將會變相鼓勵那些以慣用的誇張手段威脅使用暴力、還有那些隨時準備使用暴力的人；再者，釋放兩人會造成他在當地的權威受損，而小鎮已經在過去幾週蒙受損失，無疑是雪上加霜，而且可能導致更多人受害。在權衡利弊之後，警長決定在第二天將兩名被捕者絞死示眾，宣稱他們參與了暴力行為，並證明他們犯有其他罪行。這的確奏效了，為小鎮帶來了長久的和平；評估之後，犧牲兩人的生命可以拯救許多其他人的生命，而這兩起事件之間的因果關係是不容否認的。[8]

我們當然同意警長的這種行為是無法接受的。那麼問題來了：為什麼？答案很簡單：無論出於何種目的，犧牲無辜的生命基本上是不允許的。一個人的生命不能與另一個人的生命相抵銷，否則死兩個人一定比死七個人好。然而，我們可以想像在某些情況下，為了保住其他許多人的生命而犧牲一個人，這種

8 威廉士以略為不同的形式提出這個例子，參見J. J. C. Smart, Bernard Williams: *Utilitarianism: For and Against*. Cambridge University Press, 1973, 98-99.

清晰的直覺似乎比在這個例子中更為合理。[9]

在德國，《基本法》第一條第一項中對於絕對主義的解釋一直存在，這是《基本法》制定之初對納粹獨裁統治十二年的直接回應：**人的尊嚴不可侵犯**（*Die Würde des Menschen ist unantastbar.*）。絕對主義者認為，個人權利可以限制對其他目標的追求，但不能為了政治或經濟利益而犧牲個人權利；不過，只要尊重比例原則，它們就可以互相權衡。然而，這並不適用於個人尊嚴，因為個人尊嚴無法衡量，更不能和其他基本權利相比。德國憲法中有一少數派拒絕這種絕對主義的解釋，並提議弱化結果主義。[10]

9　參見費迪南・馮・席拉赫（Ferdinand von Schirach）的劇作對九一一事件的處理，該劇作後來也被改拍成電影，並引起民眾的討論。同樣相關的是聯邦憲法法院對《航空安全法》的裁決，該法原本允許在類似情況下擊落客機，但由於侵犯了機上乘客的個人尊嚴，聯邦憲法法院以違憲為由駁回這一裁決。當時，我在《西塞羅》雜誌（*Cicero*）的一篇文章中為聯邦憲法法院的裁決辯護，反駁大眾的群起批評：Julian Nida-Rümelin: » Leben und töten lassen «. *Cicero* 06/2006.

10　這就是憲法學家霍斯特・德雷爾（Horst Dreier）向聯邦憲法法院上訴失敗的理由。參見Reinhard Müller :» Die Karte Dreier sticht nicht «. *Frankfurter Allgemeine Zeitung* vom 01. 02. 2008. Online verfügbar unter: https://www.faz.net/aktuell/politik/inland/bundesverfassungsgericht-die-karte-dreier-sticht-nicht-1516113.html（原文

然而，即使那些反對絕對主義解釋的人[11]，也能夠並應該承認道德上的進步，而這種進步是與以尊嚴概念的形式提升個人價值有關的。每個擁有權利與自由、著作權與自主權的個人都擁有不可侵犯的尊嚴，人被工具化、只被作為一種手段，在道德上是不允許的。法律與道德生活世界的道義規範性界定了允許的範圍，還禁止利用人作為一種手段。以一個政治運動來說，剷除異己、讓批評者保持沉默，或起碼剝奪這個人的職業生計，顯得極為有利，但這意味著侵犯他的尊嚴，即使他是個重刑犯，這種行為也是不允許的。

對於康德而言，這種尊嚴適用於作為理性存在的人、作為一個能夠因尊重道德法則而行事的個人，而這些法則也必須能被所有其他人採用。康德先將這種**能力**（*Können*）解釋為一種邏輯能力，但隨後也將其解釋為一種「能夠的**意志**」（Können*wollen*，較弱的變體）。如果一個準則無法普及化，那麼它就是不

擷取自二〇二一年九月七號）

11 在我對結果主義的批評中，我也承認，在個別情況下，結果主義可能會削弱道義規範性，參見Julian Nida-Rümelin：*Kritik des Konsequentialismus*. München: Oldenbourg 1993.

合理的。舉一個著名例子：「只有在遵守承諾時能符合我自己的利益時，我才會遵守承諾。」這個準則無法普及化，是因為如果這個準則在人類社會中廣為流傳，就不會再有任何承諾出現。每一個承諾都有附帶條件，也就是說，許下承諾的人只有在符合自身利益時才遵守承諾。但是，這若是常態，就沒有人會再相信承諾。然而，這正是構成承諾的內容：我對我做出承諾的對象提供理由，讓他們相信我會信守承諾。

康德用**意志**的不可能性補充了這種邏輯上的不可能性，他舉出不允許自殺的例子對此做說明。我們可以想像在一個斯多葛派傳統的社會中，當然經常有人進行理性自殺，即如果一個人對未來生活的期望整體上有負面結果，他就會提早結束自己的生命。康德認為，隨之衍生而來的結果都會反對這種普遍的做法，例如無法履行對親人的義務。我們不希望自殺變得普遍，然而，這顯然與第一個例子，也就是承諾的例子不同。如果某件事在邏輯上是不可能的，我就不可能想要它。但即使某件事在邏輯上並非不可能，我也可能有充分的理由不想要它。[12]

聯邦憲法法院關於人類尊嚴及其在實證法中之保護的判例，在康德式詮釋與借鑒較古老的目的論道德理論（尤其是托馬斯主義）[13]的解釋之間搖擺不定。即使可以從議會理事會議定書中證明，《基本法》第一條第一項——**人的尊嚴不可侵犯**——是針對納粹政權侵犯人類尊嚴的做法而提出的，該政權在和平時期和戰爭初期透過計畫性的羞辱準備對猶太人進行種族滅絕。聯邦憲法法院在其對胎兒（即成形中的人類生命）的判決中，將這種尊嚴的概念延伸到至子宮中尚未有意識的人類生命。這一延伸的可接受性或不可接受性，與其說在法律文獻中，不如說在哲學文獻中，至今仍迭有爭議。[14]

就我們的目的而言，康德對人類尊嚴的解釋已足矣：人作為一個行動者、

12 這是否如一些二次文獻所假設的，與完全義務和不完全義務之間的區別有關，在此之下持開放態度。

13 Thomas von Aquin：*Die Summa theologiae.* Berlin：De Gruyter 2005.

14 Gregor Damschen, Dieter Schönecker：Der moralische Status menschlicher Embryonen：pro und contra Spezies-, Kontinuums-, Identitäts- und Potentialitätsargument. Berlin：De Gruyter 2003；Norbert Hoerster：*Wie schutzwürdig ist der Embryo? Zu Abtreibung, PID und Embryonenforschung.* Weilerswist：Velbrück Wissenschaft 2013.

一個為了自己的理由而行事的存在，意識到自己在世界上並不孤單，而是與其他有其理由的人互動交流，藉此塑造了自己的實踐方式，使其與自己的人格尊嚴、也與他人的尊嚴互相包容。如果因為某個人阻礙了自己的政治理念和目標，讓人沉默是一種尊嚴的剝奪。如此一來，人將會只成為政治、文化或意識形態策略的手段，本身其目的性不會得到正視與尊重。他們的著作權會受限制，甚至遭到嚴重損害，而作為社會參與者的身分會被排除，失去了自身有效的溝通機會。

羅爾斯模式

這位與尤爾根．哈伯瑪斯（Jürgen Habermas）同為二十世紀最重要的政治哲學家，嘗試從個人最佳化理性中導出自由和正義。他進行了著名的**原初立場**（*original position*）思想實驗，即社會群體的個別代表應該決定正義原則的原初情境。約翰．羅爾斯（John Rawls）認為彼此漠不關心，因此就沒有利他動機，而只關心自己的福祉。然而，這個關於正義原則的原初決定是在非常特殊的狀況下發生的，因為**無知之幕**（*veil of ignorance*）而被迫公平公正。參與者不知道他們有什麼特質，甚至不知道自己生活在怎樣的歷史情境中、是男是女、受過什麼教育、有多少收入和資產、有什麼才華等等。無知之幕迫使那些只在意自己福祉的人，選擇在原初狀況下有利於己的正義原則，而不管他們最終隸屬於哪一個群體。

羅爾斯堅信，在這些特殊條件下，理性的人會優先選擇最大自由和權利制度作為正義的首要原則。如果我不知道我有什麼個人利益、信仰什麼宗教、性別是什麼，那麼我就會支持一個基本的社會政治結構，使我能在任何條件下都能按照自己的想法生活。如果我知道我屬於一個特定宗教團體，而該團體佔公民的多數，那麼我可能對宗教自由和少數族群的權利沒有太大興趣。那些相信宗教同質會減少社會衝突、價值觀和標準會更加趨近，因而更容易塑造相同的政治觀點的人會支持少數族群文化的同化，並為自身利益而賦予主流宗教特權。然而，由於他們在原初情境下不知道自己屬於哪個宗教團體，因此考量到自己也可能屬於少數派，於是他們就會為了自己的利益採取預防措施。

羅爾斯透過以下論述強化這個觀點：在原初情境的特殊條件下，對一個人會屬於哪個群體，以及哪些利益對他本身的福祉至關重要，無法做出任何的機率估算。在這種情況下，預期效用最大化的慣用原則，也就是這裡所說的功利主義準則，實際上並不具說服力。反之，我們會特別注意那些不利的情況，因為我們不知道最終是否要面對這些情況。弱勢族群利益最大化原則（Maximin-Prinzip）要求我們盡量將可能發生的最不利情況變得有利，出於有一種無法算計的可能性，就是我們自己最終也可能會陷入這種情況。與洛克模式相反，羅爾斯的權利並不限制一個人可以為了自身利益而追求的東西（**約束**，*con-straints*），而是由完全為了私利的個人進行最佳化計算的結果，儘管這是極其不尋常的。

這裡我們可以忽略這個理論的細節，[15] 因為我們只關心一個面向，就是公

---

15 John Rawls: *A Theory of Justice*. Cambridge: Harvard University Press 1971 (dt. Ausgabe: *Eine Theorie der Gerechtigkeit*. Frankfurt am Main: Suhrkamp 1975).

正與自由之間的關係，尤其是意見自由、良知自由和新聞自由。在最近關於取消文化的爭論中，一些人將過去由其他人，即所謂的道德多數派（美國）、新保守主義者和新自由主義者的代表們所實行的東西納為自己的主張。當年被取消的東西現在成為左翼自由主義的主流，正如當年從保守派的角度來看，取消明顯異議的立場是合法的一樣，現在從自由派的角度來看，取消明顯異議的保守立場也是合法的。公開討論中的權力關係正好翻轉過來。過去不是醜聞的事，今天也不應該被視為醜聞。

我的回答是：取消文化一直是政治與道德醜聞，無論是誰發起了這種做法，也不管人民是否如此認為。一九七〇年代針對左派的工作禁令就是一種取消文化，而麥卡錫主義則是有系統地打壓異己；它摧毀了職業生涯與社會認同。一九五〇年代對批判性知識分子的個人誹謗幾乎毀掉了冷戰中期的美國民主。因此，我們絕不能說早期打壓意見的做法是可接受的，就說現在也是可接受的。兩者在過去和現在都是不可接受的。

之所以如此，我們可以在羅爾斯模式的框架內好好地分析原因：以公正的立場來看，我們會拒絕打壓意見。如果我們不知道自己屬於哪個宗教、意識形態、倫理或政治團體，我們都將努力確保每個人獲得平等的文化認同，也確保其成員獲得平等的個人尊重。公正意義上的公平，需要在文化和政治上實踐多元化意見，並採取憲法預防措施，防止多數族群對少數族群或因個人不同立場的表達形式就進行任何形式的壓制。如果沒有意見或表達自由，公平正義就無法實現。[16]

16 John Rawls: »Justice as Fairness : Political not Metaphysical«, *Philosophy and Public Affairs* 14 (Sommer 1985), 223-251.

第二章　取消文化的認識論面向

Erkenntnistheoretische Aspekte der Cancel Culture

伽利略的案例

在中世紀，一切在羅馬的統治之下看起來是井然有序、清晰明瞭的。這種世界觀建立在宗教經典之上，神學學者會加以解詮釋，並由神職權威宣講。在早期，他們先是特別借鑒了柏拉圖[1]的思想，後來才轉向亞里斯多德[2]。而神學教義學的發展方式就是盡量不讓任何有歧異的觀點出現，使各部分相互契合，並在神學上的分歧都限制於少數專家的小圈子內。假如有無法解決的意見衝突，則由神職權威來定奪。儘管對內和對外都封閉的世界觀存在著縫隙和裂痕，但它們卻不應被看見，至少不能被更廣大的群眾所看見。因此，重要的是將不一致的意見降至最低，並將其限制在專業的神學論述中。所以，從教父式的柏拉圖主義到中世紀全盛期的亞里斯多德主義的過渡幾乎是無縫接軌，儘管希臘古典時期的這兩大哲學家之間有巨大差異，但對任何願意下功夫去研讀的

---

1 Augustinus : *Vom Gottesstaat.* München : dtv 2007.

2 Thomas von Aquin : *Die Summa theologiae.* Berlin: De Gruyter 2005.

人而言都是顯而易見的。直至今天，天主教神學仍傾向將柏拉圖亞里斯多德化、將亞里斯多德柏拉圖化，也就是消除兩者之間的巨大差異，以維護所謂統一的古典希臘思想。

全面性取消文化確保了對內和對外的封閉世界觀。對內，透過邊緣化、恐嚇和死刑來壓制批評聲音；對外，則避免信徒受到東正教，甚至伊斯蘭和猶太學術的影響。其策略目標很明確：在東方已經形成獨立傳統之後，要保護宗教團體不因對宗教經典的不同詮釋而遭到質疑；其本質上就是維護神職權威。

然而，如果我們更仔細分析，很快就能揭露其內部的矛盾，這些矛盾表現在持續已久的學派爭論中的普遍實在論與唯名論之間，以及在許多具爭議性的個別議題上，這促成了大量經院文獻的產生。只要神職權威不認為教會的權威受到威脅，他們就會容忍知識上的異議與矛盾。一旦這些觀點有可能演變成對教會權力的威脅時，神職權威就會強行介入。

伽利略（Galileo Galilei）的例子特別能說明這種現象。伽利略在世時，唯名論在很大程度上已經佔了上風，這意味著支持基督教神學之目的論形上學的根基岌岌可危。[3]對於一些思想史學家而言，現代性始於中世紀全盛期的唯名論，是透過奧卡姆的威廉（Wilhelm von Ockham）的「**如無必要，勿增實體**」（*Entia non sunt multiplicanda praeter necessitatem*）原則，以及菲奧雷的約阿希姆（Joachim von Fiore）的歷史進程概念——他認為歷史是從「聖父時代」到「聖子時代」，最後再發展到「聖靈時代」。

伽利略這一人物之所以如此令人著迷，是因為在他身上展現了一種以因果解釋且具有唯名論特徵的現代自然科學方法，擺脫了神學限制與顧忌。受過高等教育的義大利貝拉明樞機主教（Cardinal Bellarmine）受教會所託來負責反駁這類思想，其中也包括布魯諾（Giordano Bruno）那種完全不同於教會教義的

---

3 這種目的論形而上學其實結合了希臘古典時期的兩大哲學家柏拉圖與亞里斯多德。這種觀念認為，世界是依照 *téle* 來組織的，這些 *téle* 彼此之間存在著階級關係，而在基督教的詮釋中，這些 *téle* 不僅以抽象的善的形式，也以上帝的形式聚集在一起。*Télos* 在希臘文的意思是「目標」，但它不僅是指一個人有意識地為自己設定的目標，而是紮根於個體自身的目標。各種不同的目的論思想一直持續到今天。參見 etwa Philippa Foot: *Natural Goodness*. Oxford: Clarendon Press 2001 (dt. Ausgabe: *Die Natur des Guten*. Frankfurt am Main: Suhrkamp 2004) oder Robert Spaemann, Reinhard Löw: *Die Frage Wozu ?: Geschichte und Wiederentdeckung des teleologischen Denkens*. München: Piper 1981.

異端思想。在此，這並非愚蠢的權力主張與理性科學、高尚的知識分子之間的對抗，而是旗鼓相當的知識分子之間的對抗：一個為教會服務，力求基督教世界觀的統一，卻也憂心其最高代表的權力被動搖；另一個則以嚴謹的科學精神為己任，這驅使他懷疑一切和自我懷疑地勇往直前。貝拉明對伽利略的還原科學理論抱持懷疑態度，也就是將所有現象還原為科學原理。他相信神對世界的影響；反之，伽利略則是因果決定論者，也就是他堅信自然界的現象可以追溯至嚴格的因果定律，從而做出可靠的預測。即使今天神學已不再與自然科學對立，這個爭議仍未以修正的形式解決。我自己也對還原科學理論存疑，我不相信我們的行為、信念和情感態度的理由可以被理解為科學定律。單憑理由是規範性這一點，就不可能被理解為科學定律，因為理由為某事提供論證，而依照現代理解的自然科學是不涉及規範性的。意義與感知是無法憑藉科學分析得出的。如果一切與理由、意義或感知有關的事都已全由科學定律所決定，那就沒有人類的自由與責任，更遑論人類的理性了。[4]

4　我在不同的著作中對此進行了論證，包括短篇著作《論人類自由》（*Übermenschliche Freiheit*），以及《實踐理性理論》（*Eine Theorie praktischer Vernunft*）中我的實踐哲學的整體闡述。

儘管這個衝突在那時與今天都沒有結果，但貝拉明樞機主教和伽利略之間的爭論是基於另一個同樣基礎的衝突，而這個衝突直搗我們的主題核心。學養甚佳的貝拉明相信論證的力量，本身也具備紮實的自然科學知識，他不想決定伽利略對天體運行的分析——尤其是地球繞太陽轉的論點——是否正確，但他堅持伽利略不該公開表達他的宇宙觀，而且最好公開放棄他的觀點。對貝拉明而言，原因再明白不過：伽利略真的希望教會權威所代表的世界觀動搖而受損嗎？他能為這種權威的喪失可能導致的後果負責，包括不同世界觀的擁護者之間不斷升級的衝突嗎？沒錯，不僅如此，由於教會是基督教凝聚力的保證，它承載著社會和政治秩序，所以教會權威的崩潰有可能導致暴動和失序。[5]

---

5 伽利略尤其在他的著作《星際信使》（*Sidereus Nuncius*）展示了新發現的行星位置圖。參見 Bellarmins Theologie *Disputationes de controversiis Christianae fidei adversus hujus temporis haereticos.* Ingolstadt 1586 -1593 (dt. Ausgabe : *Streitschriften über die Kampfpunkte des christlichen Glaubens.* Übersetzt von Viktor Philipp Gumposch, erschienen in 12 Bänden zw. 1842 u. 1853 in Augsburg) ; vgl. Ernst Schmutzer, Wilhelm Schütz :»Galileis ideologischer Konflikt mit der kirchlichen Obrigkeit« in : *Galileo Galilei.* Biographien hervorragender Naturwissenschaftler, Techniker und Mediziner Bd. 19, Wiesbaden: Vieweg & Teubner 1983 ; Richard Schröder : »Wissenschaft contra Religion ? Zum Fall Galilei« in : Thomas Buchheim, Rolf Schönberger, Walter Schweidler (Hg.) : *Die Normativität des Wirklichen.* Stuttgart : Klett-Cotta 2002.

對此，伽利略應該說什麼？他應該否認教會在建立秩序方面扮演的角色嗎？他是否應該否認全面性神職權威的喪失會引發衝突和混亂？他是否應該歡呼可能喪失的權威，甚至大聲疾呼「開放社會」（甚至在這個詞出現之前）[6]？伽利略猶豫了，他清楚地知道自己是一個被這些問題壓垮的科學家。也許他應該回答：「身為科學家，我只關心真理。由此產生的任何結果，都不再是我的責任。」

我們別以為這個爭議今天已經解決。在一九七〇年代，人們討論了科學終極化的概念，也就是科學研究的方向導向社會和政治目的。大致來說，這些提議多來自當時一九六八年學運末期的左翼，而反對者則主要來自強調科學自由的保守派，他們成立了科學自由聯盟（Bund Freiheit der Wissenschaft）就是為了

6 Karl R. Popper: *Die offene Gesellschaft und ihre Feinde [The Open Society and Its Enemies], Teil 1: The Spell of Plato.* London: Routledge 1945 (dt. Ausgabe : *Der Zauber Platons.*München: Francke Verlag 1957) ; Karl R. Popper : *Die offene Gesellschaft und ihre Feinde [The Open Society and Its Enemies]. Teil 2: The High Tide of Prophecy: Hegel, Marx and the Aftermath.* London: Routledge 1945 (dt. Ausgabe: *Falsche Prophe ten : Hegel, Marx und die Folgen. München : Francke Verlag 1958).*

遏止將科學工具化以達到政治目的。到了一九九〇和二〇〇〇年代，情勢逆轉，但問題依然存在：這時科學自由得到了左翼的捍衛，尤其是反對經濟工具化的自由，並強調了反對經濟利益將科學研究工具化的思想自主性。時至今日，兩者交會：一方面，波隆納進程（Bologna-Reform）與科學研究對第三方資金的依賴與日俱增，導致選擇主題和方法的自由度大為受限。鑒於高昂的支出，政治人物希望確保資金的使用有明確目標，以繼續增加學生人數，最重要的是強化德國的地位、開發新的專業領域，以及促進科學研究成果轉化為經濟實務。以知識興趣（Erkenntnisinteresse）為主的學科卻逐漸被邊緣化，例如多數的人文學科與文化學科。同時，批判性的左翼重新提出了對科學引導權的質疑。

一方面，人們尋求著永續經濟與生活的重大轉變，而科學實踐也應歸屬於這一轉變；另一方面，人們打著政治正確的名號，有計畫地對抗不符合自己政治世界觀的科學實踐與成果。例如，智力研究就是一個政治地雷區。某些能力對生理性別的依賴性，甚至整體生理性別的相關性，同樣也是具有爭議性的話題。此外，歷史研究也持續不斷有涉及政治上適當定位的爭論。目前熱議的例子是關於納粹大屠殺是否應該被視為殖民主義和種族主義的特例，或是它是否可以聲稱具有單一性。這是一九八〇年代「德國歷史學家爭論」的新版本。[7]基於包括海菲瑞特・慕克勒（Herfried Münkler）和尤爾格・巴伯羅夫斯基（Jörg Baberowski）等在內的知名學者因發表所謂政治不正確的言論而遭到撻伐，柏林—布蘭登堡科學與人文學院也決定成立一個跨學科工作小組，對於這些現象進行了具有爭議性及詳細的探討。[8]

7　一九八六／八七年的「歷史學家爭論」是一場德國當代的歷史辯論，討論大屠殺的獨特性，以及它在塑造德國歷史身分時應扮演何種角色的問題。恩斯特・萊哈特・派博（Ernst Reinhard Piper）《歷史學家爭論：關於納粹屠殺猶太人之獨特性的爭議文獻》（*»Historikerstreit«. Die Dokumentation der Kontroverse um die Einzigartigkeit der nationalsozialistischen Judenvernichtung.*）一書收錄了所有的原始文本。參見版本München/Zürich：Piper 1987; Ernst Nolte：*Das Vergehen der Vergangenheit. Antwort an meine Kritiker im sogenannten Historikerstreit.* Berlin/Frankfurt am Main：Ullstein 1987.

8　柏林-布蘭登堡科學與人文學院的跨學科工作小組「改變中的大學及其社會環境：對學術自由帶來的後果？」致力探討在研究與教學方面的學術自由。參見https ://www.bbaw.de/forschung/wandel-der-universitaeten-undihres-gesellschaftlichen-umfelds-folgen-fuer-diewissenschaftsfreiheit（原文擷取自二〇二三年一月十號）

最後，伽利略得出了結論：身為一名科學家，他應該只依賴事實來判斷。對他來說，地球繞著太陽轉就是事實——「……地球依然在轉啊。」[9]伽利略是對的，貝拉明和教會權威都錯了。一九七〇年代捍衛學術自由、反對左翼終極化計畫的人，以及一九九〇年代以來捍衛學術自由、反對它被經濟工具化的人，都是對的。還有最後，那些當今捍衛學術自由、反對取消文化的人也是對的。

但是，為什麼會這樣？為了釐清這個問題，我們得做個小小回顧。

認識論理性

在希臘文中，*epistéme*是「知識」的意思，也是「科學」的意思。我們透過從*dóxa*、從單純的意見（包括偏見），再到*epistéme*，知識的綱領來描述柏拉圖的哲學。對柏拉圖而言，方法就是哲學反思，是徹底的論證交流，正如柏拉

9 譯註：據說伽利略在面臨宗教審判，被迫宣布放棄地球繞太陽轉的理論時，曾經喃喃說道：「但是，地球依然在轉啊。」

圖對話錄中的各種主題所一再明示的那樣。有能力者長年研究哲學是為了獲得穩固的知識，為正確的政治實踐、政體運作奠定基礎。科學是獲取知識的途徑——當時的科學與哲學大致相同——但不是為了自我滿足，而是為了最終在城邦和國家中創造公正秩序的能力。然而，認知的過程本身不需要任何政治引導；科學思考不受任何限制或目的的約束。不僅如此，政治實踐從屬於哲學知識。這種從屬關係有一個大膽論點的支持，就是知道何謂正確的人也會採取的相應行為，錯誤行為只是錯誤判斷的表現。錯誤的行為是犯錯，而不是犯罪，例如行事不公正。從這層意義上看，柏拉圖是一個智識主義者：正確的見解導致正確的實踐。意志薄弱、性格缺陷、不良意圖只是表象，在其背後隱藏著錯誤的判斷。

柏拉圖這兩個論點是彼此獨立的：知識自主性或認識論理性的論點，以及將錯誤行為解釋為錯誤觀點的表達。我們可以拒絕智識主義，堅守認識論理性。這正是我們接下來要做的。

什麼代表了認識論理性？我們的信念應該是基於支持或反對該信念的更好

理由，而不是該信念（以及該信念的表達與該表達所具備的意涵）是否有用。柏拉圖本身堅信，有根據的知識是城邦美好生活的先決條件。在他那個時代，幾乎所有的哲學家都持相同的觀點。從這個角度看，歐洲思想史的這個階段無疑是啟蒙的早期形式。古典希臘時期及隨後而來的希臘化時期都受啟蒙理想所影響，而科學和藝術也隨之蓬勃發展。回首既往，儘管發生了種種衝突，甚至殘酷的戰爭，但令人欣慰的是，文化、經濟和社會依然發展良好。許多世紀之後的歐洲啟蒙也同樣抱持著這種樂觀：擺脫咎由自取的不成熟，知識的增長有益於文明。

然而，知識與實踐、科學與政治之間的這種和諧絕非必然，伽利略就是最有名的例子。貝拉明的論點最終可能是對的，即教會權威因新時代日益自主的科學而垮台，引起不確定性促使新教和人文主義等抗爭運動的發生，最後導致了十七世紀上半葉一場殘酷的歐洲內戰。伽利略撼動了傳統世界觀，讓人們感到不安、教會權威的衰落、宗教分裂、無數的暴力衝突，最終引爆了三十年戰爭，他是否該對此負責？不，事實上，伽利略不能也不應該為此負責。假使重新來過，他會因此保持沉默或放棄立場嗎？說得更直白些，信念本身的危害性是否就是反對它的理由？還是說，若非如此，至少這種信念的危害性是否是將它隱藏、壓制或沉默的理由？在信念明顯有害的情況下，取消文化難道不是必要的？

讓我們從第一個問題開始：一個信念的危害性是否代表這個信念是錯誤的？舉例來說，一段長年的婚姻破裂了。多年以來，雙方雖然爭吵不斷，但依然維持著關係的是彼此的同情；雙方多年來一直努力維繫婚姻與共同的生活方式。最後，妻子認為自已有理由相信丈夫長期出軌。從她的角度看，她有理由為這段婚姻畫下句點。她幾乎如釋重負地提出離婚。同時，她對前夫有莫大的怒氣，認為他不僅背叛還羞辱了她，卑鄙地利用了她的善良。兩人迅速分手，而她很快就融入新的生活。她對前夫的憤怒，甚至仇恨，讓她更容易重新開始。

事實上，她錯了。長期的婚外情是子虛烏有，而她基於這個假定的認知而指控丈夫的一切行為都是錯的。幾年之後，當一位好友小心翼翼地指出她可能弄錯時，她卻根本聽不進去。而當這位早年就認識他們倆的好友堅持自己的看法時，她就和好友斷絕往來。

無論過去或現在，這個錯誤的信念一直在她的新生活中扮演一個核心角色。她非常依賴它，如果她被迫放棄這個信念，將面臨疑慮和自我懷疑，尤其是在與她長久摯愛的丈夫分開是否合理的問題上。是否可能有其他方法來緩和日常衝突？或者，在**人生衝刺期**（*rush hour of life*）中稍加忍耐就足以在情勢較為平穩時，重新連結舊日的親密與和諧？當若干錯誤的信念在一個人的生活中扮演如此重要的角色，同時又不容反駁時，我們就會稱它為人生謊言（Lebenslüge）。嚴格來說，這個詞的用法是錯的，因為正如方才所言，人生謊言並不構成謊言。只有當一個人說了一些他確信是假的話，而事實上也確實如此，並且他認為聽到這些話的人會相信他，謊言才存在。因此，謊言成立有三個條件：第一，不真實；第二，不誠實；第三，期望信任。人生謊言的例子只滿足了其中一個條件。

在我們的例子中，這個女人是否應該堅持她的人生謊言（她堅信她的前夫外遇多年）？有些人會試圖迴避這個問題，聲稱錯誤的信念、甚至人生謊言，必然會給堅持這個錯誤的人帶來不良後果。然而，每一個錯誤信念在任何情況下都對持有該信念的人有害，這種說法令人難以信服。布萊茲・帕斯卡（*Blaise Pascal*）的賭注就是一個例證，他試圖以下面的方式來證明信奉上帝的合理性：假設真有上帝，我信祂就能得永生，而不信祂則會永遠被詛咒。假設沒有上帝，那麼我信不信祂都不會產生進一步的戲劇性結果。因此，只有在一種情況下，那就是如果上帝存在的話，信或不信就有很大的區別；在其他情況下，信與不信就沒有區別。所以，如果上帝存在的機率大於零，我就應該信上帝。如果我不能完全確定上帝不存在，那麼信上帝是否合理？即使我有充分的理由懷疑上帝的存在，甚至我有理由相信上帝不存在，帕斯卡的賭注還是適用。對於帕斯卡的賭注來說，剩餘的不確定性就足夠了。可能我有充分的理由懷疑上帝的存在，甚至有充分的理由認為上帝不存在，但我無法絕對確定上帝不存在，如此我就應該信上帝。這裡就出現了明顯的悖論：如果我有充分的理由懷疑上帝的存在，我還能信上帝嗎？即使我有充分的理由認為上帝不存在，我還能信上帝嗎？

人生謊言似乎顯示這是可能的。好友是值得信賴、很善良的人，聽了好友的話之後，她有理由懷疑自己先前怪罪丈夫不忠的信念。但是這種懷疑對她沒有絲毫好處，甚至她自己可能也清楚這一點，所以她決定不理會這個問題，不將她現有的理由當一回事，也許盡快忘記它們最好。

信念絕對具有一定的決策特徵；我也可以決定支持或反對某個信念，但這當中轉圜的空間很小。正如哈伯瑪斯所言，人類顯然會受到更好論證的左右，也就是非強迫性強迫的影響。我確信的理由會帶來某些信念，而我們在下文中將此類理由稱為「認知理由」（*epistemische Gründe*）。我們允許自己受到認知理由的影響，表示我們會形成與這些理由相符合的信念。認知理由會支持或反對信念；另一方面，實際理由既不支持也不反對信念，而是支持或反對行動。然而，由於信念和行動是互相關聯的——如果柏拉圖的智識論是正確的，那麼兩者的關係甚至密切到每一個錯誤的行動都基於錯誤的信念，而正確的信念則會引導至正確的行動——所以，我們有時可能希望信念也是由實際理由，而不只是由認知理由所引導。但即使在個別情況下在心理上是可能的（想想人生謊言的例子），而且在許多情況下，這也是政治上所樂見的，但為了實際目的而將我們的信念工具化，將會破壞認識論理性，也就是啟蒙計畫的核心。

笛卡兒的錯誤

當自己的世界觀定點不再穩固、當權威光環褪色、當先前的確定性動搖時，那麼就是去尋找新基礎的時候了。笛卡兒踏上了這條尋覓之路，他代表了一種徹底的、方法論的懷疑，被許多人視為現代科學的創始人。笛卡兒所主張的懷疑是方法論的，因為它不是基於當事人真正的懷疑，而是用來作為獲得可靠知識的方法。然而，有時在閱讀笛卡兒著名的《談談方法》（*Meditationes*）時，會讓人覺得這種方法論的懷疑早已發展成一種個人的人生危機，它不再只是方法，而也造就了笛卡兒日常生活的態度。他在《談談方法》第四部分中是這麼說的：

「然後我仔細研究我是什麼，發現我可以想像我沒有肉體、沒有我所在的世界和地點，卻不能因此想像我不存在；相反地，正是根據我想懷疑其他事物的真實性這一點，可以十分**明顯**（*évidemment*）、確定地認為我存在；一旦我停止思考，儘管我想像過的其他一切事物都是真的，我也沒有理由相信我的存在。我認知到了自己是一種本體，它的全部**本質**（*essence*）或本性只是思想，它的存在既不需要地點，也不仰賴任何物質，所以這個我——這個使我之所以是我的靈魂——是完全不同於肉體的，而且它本身比肉體更容易辨識，即使沒有肉體，它仍然是它。」[10]

這段話讓人感覺笛卡兒與日常生活中理所當然的事物拉開了距離；我們稍後會談到「生活世界的知識」（Lebensweltlichem Wissen），並進一步說明這一點。對於伽利略所代表對目的論世界觀的科學性批判及與之相關的拒絕神職權

10 參見René Descartes: *Abhandlung über die Methode des richtigen Vernunftgebrauchs.* Kapitel IV. *Dasein Gottes und der menschlichen Seele als Grundlage der Metaphysik,* übers. v. Kuno Fischer. Stuttgart: Reclam 1984.

威，至少在自然科學的問題上，笛卡兒將其發展成一種全面的懷疑主義，不放過任何事物，就連幾乎不容置疑的事物也不例外。

然而，笛卡兒並不支持懷疑論，懷疑論是一種在古希臘羅馬時期就已經為人所知的哲學立場，它懷疑一切。蘇格拉底的對話夥伴高爾吉亞（Gorgias）就代表了這種激進且全面的懷疑論，因而產生了哲學上的懷疑論。他說：「空無一物。即使有，我們也無從辨識。即使我們能認出它，也無法傳達它！」[11]笛卡兒反而開始了一項計畫：將我們的整體知識放在一個可靠的基礎上，因而使它確定，也就是保護它免受懷疑，這就是理性主義的計畫。

為了使這項計畫成功，我們必須徹底從頭建立我們的知識。這項徹底重建的前提是，去除所有殘留的、未經證實的意見（*dóxa*）。這就是方法論的懷疑，為了獲得有根據的知識，所有一切都必須受到同樣的懷疑。具體地說，任何被摧毀的建築物廢墟都不能妨礙我們建立一個全新的、穩固的、安全的建築

11 參見Platon: »Gorgias« in: Platon: *Sämtliche Dialoge*, Bd. 1, übers. u. hg. v. Otto Apelt, Hamburg: Meiner 2004.

物。這解釋了笛卡兒懷疑論的激進本質：什麼都懷疑，不留任何**常識**（*Common Sense*）的痕跡。過去被認為是科學的知識，現在就和我們生活世界的知識一樣被清理掉了。

在基督教神學的統治下，個別學科所發展的東西都要接受相同的考驗，就像影響我們日常的世界觀、生活世界的東西一樣。當我們站在一棵樹前，我們無法懷疑那裡有一棵樹。[12]然而，笛卡兒的方法論懷疑要求我們懷疑那棵樹的存在，即使我就站在它的面前。如果一切都受到懷疑，那麼從現在起，所有被視為知識的東西都必須有證據。在我們的生活世界裡認為理所當然的事物，與神學權威所宣稱的信仰確定性一樣，全得接受檢視。之前的確定性來源如日常生活的**常識**、宗教經典、教會及神學權威的宣告等，逐漸在理性主義的方法論懷疑中枯竭。

最初，只有著名的**我思故我在**（*cogito ergo sum*）經得起懷疑。懷疑是一種

12 這是對維根斯坦的《論確定性》（*Über Gewißheit*）一書的暗示。

思考形式，我不能懷疑我在思考，而如果我在思考，我就不能懷疑我存在。接下來，笛卡兒還是求助於仁慈的基督教上帝，出於祂不會故意欺瞞我們，藉此從人類不容質疑自身存在的薄弱基礎上出發，有條理地建立起人類的知識。由此，開始了理性主義系統建構的時代，在萊布尼茲（Gottfried Wilhelm Leibniz）和沃爾夫（Christian Wolff）所謂的德國學院哲學，以及史賓諾沙（Spinoza）的《倫理學》（*Ethica*）中呈現出令人讚嘆的形式。

儘管哲學理性時代早已遠去，僅有少數當代哲學家仍然勇於發展全面性的人類知識系統，[13]而且哲學系統建構如今最多現於規範倫理中，但理性主義的綱領絕非全然消亡，它仍以截然不同的形式存活，而其中一種形式是對科學的天真信任，也就是科學主義。根據這個觀點，一切知識都有一個基礎，那就是科學研究。如果這種觀點與一種層級化的科學學科順序相結合，從物理基礎開始，涵蓋化學、生物學、神經生理學、心理學，最終包括所有已知的事物，那

13 一個引人入勝的例外是尼古拉斯・雷舍爾（Nicholas Rescher）的《實用觀念論的系統》（*A System of Pragmatic Idealism*）。

麼這種系統建構會至少作為一個模糊的統一思想，依然會繼續存在。

人們期待每一種確定性都必須證明，無論是透過科學理論與發現或是其他知識來源，這也可以被視為理性主義的晚期效應。我們還會更詳細地探討這兩種理性主義思維的晚期效應。然而，我們在此感興趣的是另一種形式，可以說它是理性主義思維的一種扭曲變態，是以世界觀的意識形態呈現。

意識型態之所以特別，在於它們與其他思維方式大異其趣，它們宣稱自己源自於基本見解力，並提出了有如信仰確定性的基本假設。笛卡兒希望將知識建立在**清楚分明**（*clare et dinstincte*）的概念上，而世界觀的意識形態則傾向選擇激進的主張，也就是在沒有進一步論證的情況下，作為其思想結構的基礎。意識形態的支持者將這些基本假設納為己有，無論它們看起來有多麼荒謬，正如宗教信徒宣稱的 *Credo quia absurdum*[14]。

值得玩味的是，目前最成功的意識形態是那些特別荒謬的意識形態，也就

---

14 譯註：拉丁語，意思是「我相信，因為它很荒謬。」

是所謂的陰謀論迷思，它們基於完全不可信的主張，這些主張無法得到證實，最多只能讓人或多或少熱烈地深信。「匿名者Q」（QAnon）可能是最突出的例子。但是，在尊重信徒和宗教的前提下，我們可以說它們與宗教信仰體系有共通點：耶穌由處女所生的故事，就像摩西宣稱從上帝手中接過石碑一樣，令人難以置信；數世紀以來，有關佛教創始人的神奇故事變得愈來愈離奇。不同宗教背景的聖人神蹟都有相似的特點：只有那些從合理懷疑躍升到毫無根據的信仰的人，才能被信徒團體接納。歸屬感需要**智識上的犧牲**（*Sacrificium Intellectus*）。聰明的神學家一直意識到信仰與知識之間的這種緊張關係。[15] 極少人會將宗教教義只視為理性真理的彙集。

理性主義的計畫很容易受到教條主義和意識形態重塑的影響，其共同點是尋找一個**不可動搖的基礎**（*fundamentum inconcussum*）、一個所有知識都能從中推導出來的基礎。在理性主義的計畫中，一切都取決於公理、原則，甚至唯一

---

15 參見Jürgen Habermas: *Auch eine Geschichte der Philosophie,* Bd. 1: *Die okzidentale Konstellation von Glauben und Wissen;* Bd. 2: *Vernünftige Freiheit. Spuren des Diskurses über Glauben und Wissen.* Berlin: Suhrkamp 2019.

的基本原則。對笛卡兒而言，這些原則是理性的真理，不依賴（經驗）事實，也不依賴生活世界的信念。我們可以說，基礎懸吊在空氣中、懸吊在純粹理智的以太（Äther）中。它不是被嵌入的、不須以它的含義證明自己，它不能被批判，因為我所能給出的論證都在方法論的懷疑過程中變得無效了。

在宗教中，信仰確定性有很大一部分是從理性的審查中抽離出來，並由宗教經典和神職權威或是信徒的特定經驗[16]所認可或所崇高化的。在意識形態中，支持者的意識形態通常是由一種深入的不安全感所引發的，這種不安全感讓他們對一種「另類」知識敞開心扉。在大規模破壞之後發生的皈依也是如此。當代和歷史上的陰謀論只是這種現象的特別例證。

笛卡兒與理性主義的錯誤，在於結合了兩個同樣錯誤的假設：首先，假設整體人類知識可以從少數基本原則或基本假設中導出來是錯誤的。其次，我們

16 參見 Hans Jonas: *Gnosis und spätantiker Geist,* Teil 1: *Die mythologische Gnosis.* Göttingen: Vandenhoeck & Ruprecht 1934; Teil 2: *Von der Mythologie zur mystischen Philosophie.* Göttin180 gen: Vandenhoeck & Ruprecht 1954; ders.: *Gnosis. Die Botschaft des fremden Gottes.* Frankfurt am Main/Leipzig: Verlag der Weltreligionen 2008.

無法全面脫離我們生活世界的確定性，全面性懷疑對生活世界的確定性，也阻礙了哲學或科學的論證。理性主義所建立的、終究徒勞無功的系統建構，反倒提供了充足素材來批判理性主義。在下文中，我們採行另一種途徑，以我們**人類共同的判斷力**（*gemeinsame menschliche Urteilskraft*），取代容易受到教條化、意識形態化及各種形式的基本教義主義影響的理性主義新建構。

確定性的終結

托馬斯式、亞里斯多德式基督教世界觀的崩解、自然科學研究之獨立理性的出現、哲學從神學中獨立出來，這些摧毀了先前提供安全感的確定性。笛卡兒的理性主義是對此的明顯反應：如果舊有的確定性已然毀壞、無法再以舊有的形式保存，那麼就必須有一種新的、有嚴謹邏輯的，並有科學依據的確定性。首先，這種確定性必須先摒棄之前認為理所當然的一切，對一切提出質疑，最終導向一個被保障的知識體系。

即使今天不再有人認真懷疑笛卡兒的計畫已宣告失敗，但對於絕對確定性的渴求依然不減。如果權威無法再提供這種確定性，人們就會尋找其他絕對確定性的來源。嚴謹的科學家會將事實定義為相關科學領域個別的共識。稍有差異的是，有人主張，科學事實的定義取決於對於某些驗證方法的共識，以及該領域主要代表人物將這些方法應用於某些科學問題上得出一致的結論。

不過，面對到幾乎每個科學領域對於幾乎所有的科學問題都有不同意見時，人們得承認，主要科學期刊發表的主流意見已足以決定什麼是科學事實。然而，在科學領域之外，出於缺乏共識的方法，這種確定性是不存在的。這裡的一切都在變化，只有科學才能滿足對絕對確定性的渴求。如前所述，這就是科學主義的立場。科學主義與理性主義的不同之處在於，科學主義不致力於從不容置疑的公理或原則的知識中，以特定方法進行推論。對於各領域中使用哪些方法來實現科學確定性，科學主義保持開放態度。

再者，科學主義絕非僅僅來自於科學，它甚至不是主要來自於科學，而是由人們對科學的期望所構成。這些期望來自於對清晰性、方向性與最終性的渴望。多數科學家心知肚明，他們無法滿足這種渴望。科學的進步是在異議中成長茁壯的，往往就是在達成廣泛共識的情況下迅速發生美國物理學家暨科學哲學家湯瑪斯．孔恩（Thomas S. Kuhn）所稱的「科學革命」：長期存在的概念和解釋模式陷入了危機當中，而這是因為往往是看似微不足道的觀察結果，卻無法在現有框架內得到令人滿意的解釋。例如，木星衛星的運行與理論預期的不符、有關光速的測量結果，以及古典電磁理論並非伽利略不變性（galileiinvariant）的奇特現象。愛因斯坦的狹義相對論開啟了一個新的概念框架，進而能夠整合這些不受控的觀察。

這個例子也因此具有啟發性，因為在當時絕大部分的物理學家，包括其領域代表人物，都承認有一些問題存在。儘管這些問題相當微不足道，但他們認為沒有必要像愛因斯坦一樣，從根本上質疑古典物理學這座美輪美奐的理論建築。因此，諾貝爾獎拖到一九二一年才頒獎給愛因斯坦，而有趣的是，這個獎項是因為他發現光電效應的原理，而不是因為提出了相對論的偉大科學革命而頒發給他。愛因斯坦早年是科學界的局外人，他在學校的物理學成績平平，之後在瑞士一家專利局工作，在他於一九〇五年以其突破性的著作創造了物理學的**奇蹟之年**（*annus mirabilis*）之後，他依然當了多年的局外人。[17]

當時，德國仍是一個科學領先的國家，在勉為其難地認可愛因斯坦這番科學成就及其隨後享譽全球的名聲之後，納粹政權卻試圖將身為猶太人的他邊緣化，並以「德國物理學」來對抗這一新物理學。我所屬的科學學院，柏林－勃蘭登堡科學與人文學院，也就是當時的普魯士科學學院，愛因斯坦曾經是該學院的院士，該學院雖然稍微改變了主意，但隨後卻費盡心思剷除愛因斯坦這個成員。愛因斯坦則當機立斷，及早前往美國並順利被加州理工學院聘用。[18]

這是愛因斯坦遲來的勝利。事實上，這位物理界的局外人以其理論貢獻堅

---

17 Albert Einstein: »Über einen die Erzeugung und Verwandlung des Lichtes betreffenden heuristischen Gesichtspunkt«, *Annalen der Physik*, Bd. 322（Bd. 17 der 4. Folge）1905, 132-148；ders.: »Über die von der molekularkinetischen Theorie der Wärme geforderte Bewegung von in ruhenden Flüssigkeiten suspendierten Teilchen«, *Annalen der Physik*, Bd. 17 1905, 549-560；ders.: »Zur Elektrodynamik bewegter Körper«, *Annalen der Physik*, Bd. 17 1905, 891-921.

18 二〇〇五年，我受邀到加州理工學院進行一學期的研究和演講（那是我人生成效最高的幾個月），我對愛因斯坦在校園中的無所不在感到驚訝（還有威廉・馮・洪堡〔Wilhelm von Humboldt〕的教育理念的存在，不過那又是另一個故事了）。

持自己的立場，並掀起了一場物理思維的革命。然而，僅僅幾年之後，這場革命又被第二場革命所取代，也就是愛因斯坦自己當時所反對的量子力學革命。這對我們的主題也非常重要，因為這讓我們清楚看到，邊緣化、打壓，甚至封殺不同意見是多麼危險的一件事。在我看來，在當今匿名審查過程的條件下，愛因斯坦的文章——至少那些關於狹義相對論的文章——是否有機會發表，確實令人懷疑，因為那些文章與當時既定的科學共識相去甚遠，想必會受到審查者極為嚴厲的批判。我從無數次對話中得知，這種猜測頗具挑釁意味，因為它似乎在質疑科學論述的合理性。然而，這顯然是一個誤解。如果事情如我揣測，[19]這就表示我們贊成盡可能保持科學論述的包容性與多元化，並允許發表怪異的觀點。即使這些論點後來被證明是錯誤的，但正因為它們偏離了普遍共識，因此可以作為一種挑釁，並有助於釐清觀念。錯誤的論點也能促進知識的

19 加州理工學院也有一篇有趣的文章。參見» Einstein Online: An Interview with Diana Kormos-Buchwald « in : *Caltech*, 05. 12. 2014. Online verfügbar unter : https ://www.caltech.edu/about/news/einstein-online-interview-diana-kormosbuchwald-44998（原文擷取自二〇二三年一月十號）

進步。

不過，這個例子證明了我更為基本的信念：摒棄任何形式的科學政治化。納粹分子的意識形態鬥爭、再加上一群投機主義的牆頭草——其中不乏許多科學家——共同汙染了德國學術界。一位科學家是否擁有「正確」的觀點或信奉「正確」的宗教，對於評斷其科學工作毫無關聯。在前東德，任何批評馬克思—列寧式的國家教條的人都會斷送了自己的學術生涯。反之，在統一之後，這也導致了一場學術上的涇渭分明，尤其在人文科學、文化與社會科學領域，因為幾乎所有在前東德的人都會因為信奉馬克思—列寧主義，並試圖將其各自的學術研究嵌入這個意識形態，而使自己在西德的學術上被抹黑。然而，這種反應並非沒問題，它不僅造成大量的個人痛苦，並且還貶低東德的傳記，尤其是特定的學者傳記的形式，使得統一過程被認為是德國（西德）向東擴張，而不是在互相尊重的情況下共同成長。

允許歧見是科學創造力和科學知識進步的條件，包括對某一領域或**特定科學社群**（*Scientific Community*）中多數科學家所接受的理論提出強烈質疑。捨棄最終確定性是科學精神的一部分，接受不斷尋找最佳解釋的過程。科學永遠在探索，也會受到異議的挑戰。任何試圖格式化這個過程、在意識型態上馴服它、在政治上使它符合某些目標的人都會破壞科學理性的活力。捨棄最終確定性就是這種理性的部分本質，在科學中的取消文化砍掉了科學的核心：論證交流的理性、理由的給予與接受，以及受更好理由影響的意願。

作為避難所的生活世界

在著名的《歐洲科學的危機與超越論的現象學》（*Die Krisis der europäischen Wißenschaften und die transzendentale Phänomenologie*）中，哲學家胡塞爾（Edmund Husserl）診斷出人文科學的危機，同時也診斷出歐洲文化在法西斯主義與國家社會主義興起時期的整體危機。[20] 這篇文章在現象學哲學和科學哲學的發展具

---

20 參見Edmund Husserl, Walter Biemel: *Die Krisis der europäischen Wissenschaften und die transzendentale Phänomenologie. Eine Einleitung in die phänomenologische Philosophie*. Dordrecht: Springer Netherlands ^{6}1976.

有劃時代的意義。許多人將其解讀為重建人文科學研究，以及科學與胡塞爾所謂的「生活世界」（Lebenswelt）之間關係的綱領。事實上，在這篇內容廣博的文本中，論點紛雜並陳，我們最後並不清楚胡塞爾究竟是要以確定論與認識論基本教義派的精神來重新建立人文科學，還是他只想指出科學理論的形成與溝通在多大程度上依賴於科學以外的條件，也就是所謂的「生活世界」。生活世界決定了我們對物理技術現實與社會文化現實的日常經驗，是在所有科學出現之前就可以接觸到的、先於所有科學的現實。

約莫同時期，另一位哲學家維根斯坦（Ludwig Wittgenstein）放棄了以邏輯與自然科學為導向的分析，轉而研究日常的語言使用。對維根斯坦而言，這個日常的語言使用是無法避免的，就像胡塞爾眼中的生活世界一樣。我們以某種受規則約束的方式來使用表達方式，即使我們自己在語言表達上並沒有意識到這一點。這些表達方式的含義是基於已習得的語言實踐，而非基於文法與單字表的知識。這種語言表達本質上是表演性的，意味著我們透過它來進行某些行動，而在行動中的事態描述、甚至一個理論結構或一個科學世界觀的建構，要不是沒有任何作用，就是最多是扮演一個次要角色。

正如蘇格拉底將古希臘哲學從物理、宇宙和物質問題引導至人類事務一樣，這兩位二十世紀的哲學核心人物也反對科學理性的計畫，儘管（或正因為）兩人都有深厚的自然科學、技術和數學背景。他們從內部了解這種思維方式，而其常被非該領域者過度推崇，正因如此，他們才能清楚地劃定邊界。然而，兩人皆無意反對科學，或是以為科學無關緊要，更不認為科學是危險的，但是他們終結了科學理性的傲慢。決定我們如何思考與行動、如何互動、如何與現實連結的，並不是科學。某些東西是先於科學的，那就是日常的語言使用，也就是維根斯坦所認為的**日常語言**（*ordinary language*）及胡塞爾所認為的作為前科學知識的整體生活世界。只有在這樣的背景之下，理解與科學才有可能發生，因為科學是以溝通為基礎，或至少是高度依賴溝通的。

對於確定性的渴求，難道無法透過回到生活世界與日常語言來獲得滿足嗎？我們所要尋找的，不就在我們所實踐的生活形式、在日常的語言實踐，和前科學的生活世界之中嗎？我們最終找到了我們尋找的確定性嗎？

這個問題有兩個簡單的答案，答案太簡單了。第一個答案是：是的。這顯然是胡塞爾的《歐洲科學的危機與超越論的現象學》的中心思想，儘管他並未明確表達出來。他不只是要清楚說明，科學存在於在它本身無法保證的預設之上——這句話改自任職憲法法官多年的恩斯特—沃夫岡・波肯弗德（Ernst-Wolfgang Böckenförde）的名言[21]——同時也要在理性主義計畫明顯失敗之後，提供一個替代的論證計畫。由保羅・羅倫岑（Paul Lorenzen）、威廉・卡拉姆（Wilhelm Kamlah）和尤爾根・米特爾史特拉斯（Jürgen Mittelstraß）所組成的埃爾蘭根學派（Erlanger Schule）將這一綱領激進化為所有科學領域的方法論架構，從原始理論開始，例如原始物理學。[22]在他的晚期哲學中，維根斯坦也明顯追求這一目標，即哲學的平靜、希望能終結無止境的探尋，而他相信他已在

---

21 波肯弗德那句名言的字面意思是：「自由、世俗化的國家生活在它本身無法保證的先決條件之下。」參見 Ernst Wolfgang Böckenförde: »Die Entstehung des Staates als Vorgang der Säkularisation« in : *Recht, Staat, Freiheit. Studien zur Rechtsphilosophie, Staatstheorie und Verfassungsgeschichte.* Frankfurt am Main: Suhrkamp 1991.

22 參見 Paul Lorenzen: *Konstruktive Wissenschaftstheorie.* Frankfurt am Main: Suhrkamp 1974.

日常語言表達的描述中找到了這個目標。那麼是否應該只消除因誤導性的語言使用而產生的理智困惑，而其他的一切則應該保持原狀？治療的努力也可以隨時中斷，因為維根斯坦最初所追尋的「晶瑩剔透」（Kristallklarheit），對他來說已不再是哲學思考的理性目標。我們平日所說的、決定我們互動的日常語言是抵擋所有批判、修正嘗試，及所有科學化的最後參考點。透過新的語言、透過對既有的語言使用進行政治正確的修正來使日常語言標準化，可能會遭到維根斯坦的大力阻擋。語言並非只是一種為了實現某些特定目標，尤其是為了實現政治目標並針對這些目標而做調整的工具。

在他的最後一部著作《論確定性》中，維根斯坦將這個觀點延展到認識論學說上。根據這個觀點，基本命題不具備需要論證的斷言特性，而是構成論證遊戲的語言使用規則。它們不僅不需辯證，也無法辯證。它們是定點，不過是一種特殊的定點，因為它們可以隨著時間而移動，正如他在著名的河床隱喻中所解釋的：

「神話可以變回為流態，思想的河床也會變位。我區分開了河床中水的流動和河床本身的位移，不過兩者並無嚴格的劃分。」[23]

胡塞爾和維根斯坦兩人都是對的，所有的論證都有終點，但這個終點不是在科學學科中，而是在我們共享的生活形式（維根斯坦）和生活世界（胡塞爾）的自明性中尋找到的。全面懷疑論不可能延伸到支持人類存在形式的事物，也摧毀了它本身所能證明的東西。從某種意義上說，它把腳下的地面拉了出來。[24]

維根斯坦為他的寂靜主義（Quietismus）提供了一個對我們的主題——對最廣義的取消文化的批判及對啟蒙計畫的捍衛——意義重大卻也令人不安的論點，他認為語言學習就像一個訓練過程，讓論證顯得多餘。「我們就是這麼做

23 參見Ludwig Wittgenstein: *Über Gewißheit.* Frankfurt am Main: Suhrkamp 1984, 97；vgl. dazu auch Julian Nida-Rümelin: *Philosophie und Lebensform.* Frankfurt am Main: Suhrkamp2009.

24 參見Julian Nida-Rümelin: *Philosophie und Lebensform.* Frankfurt am Main: Suhrkamp 2009, Teil I.

的。」只有當這種訓練成功了，我們成為語言社群中的合格成員時才會有理由，但也只有那些本身不會反過來質疑這種訓練結果的理由。只有在既定的語言表達框架內，我們才能討論理由，因為這種語言表達代表一種生活形式，所以它也包含一整套不容置疑的信念系統。然而，這並不表示這個系統是僵化不變的。過去看似不需要理由、也沒有理由的東西，本身也可能隨著時間而受到質疑。只有這時才會產生這裡是否有錯的問題，而且必須參考我們生活世界中其他不可反駁的元素來釐清這個問題。什麼屬於河床，什麼屬於河流，並沒有明確的定義，也不是永遠固定不變。

也許這個隱喻最重要的訊息是，我們無法脫身、無法重建河床，也無法重新引水。每一次改變都發生在我們的信念系統中，使我們重新評估，也許得到這樣的印象：以前看似無庸置疑或是沒人懷疑的東西，現在卻變得需要辯解。然後，我們會參考我們信念系統中的其他元素，並在衝突時嘗試找出共同的定點，以便澄清有爭議的問題。如果我們忘記了我們所知的一切、如果我們得了全面性失憶，我們就會一同迷失。所有一切都不再有問題，因為沒有理由懷疑任何事情，沒有什麼可以令人信服地辯解，因為所有的辯解理由都隨著全面性的失憶而消失了。笛卡兒的新建構綱領之所以從一**開始**就失敗，正是因為它剝奪了所有自己用於辯解、懷疑和不信任所需的資源。

語言社群的成員知道那些使用表達方式所依據的規則，但無法制定這些規則。然而，他們能夠辨識出偏離這些規則的情況，並在必要時互相提醒。從認識論的觀點來看（在我看來，這也是《論確定性》的精髓所在），信念的辯解是依循一套複雜的規則系統，但這套規則系統也沒有人將其確立為一種方法，它沒有討論的餘地，即使有，也不可能被一套新建立的規則系統所取代。

這些規則包含許多自明性，維根斯坦認為它們不能被視為知識，單單因為它們既不需要辯解，也不能被辯解，它們就不能算是知識。蘇格拉底在《泰鄂提得斯對話錄》中指出，知識是有根據的，同時也是真實的意見。然而，這些不證自明的事物不是意見；它們什麼也不論定，因為沒有人可以對它們論定，而且它們也沒有理由被如此對待。不證自明的事物不需要論證。而如果有人宣稱某些不證自明的東西必須被證實，那麼問題來了：這樣的證實會是什麼樣子？我們是否必須參考其他不證自明的東西，並證明它們暗指這個不證自明的東西。但是，如果我們懷疑一個不證自明的東西，又為什麼不懷疑另一個我們想把它作為辯解來源的東西？這種（在生活世界中不合情理的）對辯解的渴求難道不會將我們直接引向全面懷疑論，也就是懷疑所有的人事物，結果是我們腳下的土地被挖起，卻找不到任何替代物？

由於共享一種生活形式無非就是遵循某些不明確且僅能在極有限範圍內解釋的規則，也就是說，我們身為參與者始終接受生活形式相關的支撐要素，所以通往全面懷疑論的路就被阻斷了，頂多只會變成一個無法在現實中實現的智識思想實驗。那些仍然懷疑的人會將自己置於共享的生活形式之外，因此維根斯坦在《論確定性》中如此寫道：如果有人站在一棵樹前，卻懷疑那裡有一棵樹，那麼他沒有任何「哲學問題」。這裡沒有出現任何認識論的問題。事實上，如果你具體地想像一下，你會立刻擔心起當事人的心理健康，而不會試圖以認識論的方法來證明「那裡有一棵樹」的信念是有根據的。我們可以想像一個關於這個信念的認識論的辯論，不是以實際生活的形式，最多就是在一個哲學的進階研討會。在那裡，參與者能不受實際影響地討論認識論的面向；該研討會所處的討論空間是脫離日常互動的，當參與者離開研討會後，他們全部又變成「不激動的現實主義者」（unaufgeregten Realisten），[25]也就是說，當他們站在一棵樹前，他們當然不會懷疑那裡有一棵樹。他們是**不激動**的現實主義者，因為在進階研討會之外，他們沒有理由懷疑這些不證自明的事物。他們沒有理由懷疑的這一點及許多其他不容置疑的事實，一同成為他們共享生活形式的特徵。

但是，就這一點來看，我們是否（無意間）發現了一種合法的取消文化形式？一個人站在一棵樹前，卻懷疑自己站在一棵樹前，他就將自己排除在外；在這個問題上，他不再是溝通社群的一分子，其他參與者也不了解他。這就是為什麼他們會擔心，懷疑他的心理問題導致這種怪異的舉止。因此，如果有人表達了懷疑，他就會被當作有病而被壓抑言論。這個人不再被視為完全正常

25 參見Julian Nida-Rümelin: *Unaufgeregter Realismus*. Paderborn: Mentis 2018.

的，或至少在這種情況下不再完全正常，沒有人會費心去解釋為什麼當你站在一棵樹前時，假設有一棵樹這件事是合理的。也許結果顯示，這個人之前服用了迷幻藥，因此相信自己看到的是一個奇怪的、有生命的形體，而不是一棵樹。我們也許就會想要保護他，以免他因為這些幻覺而傷害自己。

無庸置疑，來歷各異的取消文化實踐者，其目的都是為了強制執行他們所希望的特定常態。伽利略之所以被迫沉默，就是因為他挑戰了由神職權威所支持的、熟悉的生活世界確定性所希望的常態性；伽利略相信地球繞太陽轉的科學信念，威脅到這種理想的世界觀常態。然而，伽利略並沒有質疑我們每天觀察到的事物，包括日出日落、天體在蒼穹中的運動，而是質疑特定的詮釋，並提出一個更令人信服、更確定且更簡單的詮釋，不需要本輪（Epizykeln）和其他複雜的宇宙論理論。伽利略並不反對生活世界的經驗，而只是反對一種特定的、但長期公認是貼近生活世界的詮釋。然而，沒有人需要像笛卡兒所要求的那樣，為了追隨伽利略而懷疑自己的感官或摒棄所有的感官經驗。一切保持原狀，只有現存的、我們能觀察到的、決定我們日常經驗的事物，才能被重新詮釋。

伽利略是否改變了河床的位置？如果這個新詮釋得以成立，同時顯示能更一致、更連貫的模式來捕捉我們的經驗知識，那麼這個模式就證明了自己的合理性。這一事實，即它能夠對我們生活世界的經驗知識提供更一致的詮釋，使得這個模式顯得可信，而這種可信性又可以用來澄清其他有爭議的科學問題。最初需要證明的東西本身也能提供論證依據。在這個過程中，觀察日出的人不會被迫懷疑自己所觀察到的一切。天主教會當時所實行的取消文化形式，正是要阻礙這種知識進步。應該受譴責的不是對既定的生活世界知識的捍衛，而是對特定的宇宙論詮釋的教條化。生活世界的經驗知識對革命性的改變是免疫的。人類的生活形式——也可以說**人的境況**（*conditio humana*）——是不容置疑的。

當代左翼取消文化試圖利用當下的優勢來進行教條化，這種優勢雖然不是體現在一般的政治實踐中，也不體現在西方國家的民意範圍內，但在特定的話語領域中，左翼、左翼自由派，或者更精準地說，左翼共產主義自一九七〇年代初以來首次取得主導地位。這些立場在知識階層中尤為普遍，而這也反映在許多媒體與公開言論中。同時，許多頂多只是稍微參與這些論述的人，其怨恨卻與日俱增，這種怨恨情緒又表現在對某些反智的（或至少假裝是）、多少具個人魅力的領導人的熱情支持，這些領導人與「時代精神」（Zeitgeist）背道而馳，例如義大利的貝魯斯柯尼（Silvio Berlusconi）、薩爾維尼（Matteo Salvini）和梅洛尼（Giorgia Meloni）、美國的川普（Donald Trump）、英國的強生（Boris Johnson）或匈牙利的奧班（Viktor Orbán）。這解釋了一種奇特現象，即使是政治上的「致命」行為，例如婚外情、性別歧視或種族主義言論、各種粗魯言行，在美國過去的總統競選活動中都會導致候選人立即出局，但這在川普身上卻不再起任何作用。義大利的貝魯斯柯尼或匈牙利的奧班也是如此。民眾對任何形式的過度管控深感厭倦，並保護那些真正或只是宣稱能有效為他們的不滿和憤怒發聲的人。

出於政治因素，左翼社群主義形式的取消文化也存在著問題。它放棄了啟蒙計畫，因而剝奪了左翼政治在最廣義上最重要的基礎；它試圖藉由教條化來實現或建立輿論領導地位；它引起那些被排除在討論之外的人的不滿和反抗；它剝奪了自己在失去輿論領導地位的情況下生存所需的最重要論點，即言論自由和公開辯論的權利。換句話說，它危害了它聲稱追求的目標。

然而，我們並不清楚他們究竟在追求什麼目標。有相當大一部分的左翼知識分子早已背離啟蒙、論述與公開輿論形成的計畫；包括後馬克思主義政治學家尚塔爾．墨菲（Chantal Mouffe）在內的一些人則基於卡爾．施密特（Carl Schmitt）對政治與溝通的鬥爭性理解，主張左翼民粹主義，甚至回歸布爾什維克的政治鬥爭實踐，而在這種政治鬥爭中，完全沒有異議者、啟蒙主義與人文主義的空間。

每種形式的取消文化都是嘗試修復一些無法修復的東西。給予理由與接受理由的日常實踐，決定了什麼東西可以被視為理所當然，什麼東西似乎需要理由，什麼東西需要修改。為了防止事物移動、河床改變位置、熟悉的信念被修改、不熟悉的信念變得理所當然，這種做法不能標準化。如果整個社會不想因為隔絕了與自己矛盾的信念而最終僵化為一個封閉社會，那麼就應意識到教會或政治的干預勢必凍結這個必須保持流動的過程。

第三章　取消文化的民主理論面向

Demokratietheoretische Aspekte der Cancel Culture

什麼是民主？

我們將民主理解為政治自決的一種特殊形式。之所以稱它為特殊形式，是因為有別於古代民主，現代民主是以人人生而自由平等的人類學為基礎的。另一方面，古代的民主認定有些人生而自由，有些人則生而為奴、女人天生隸屬於男人，所以民主完全是（自由且自給自足的）男性戶長的事務，他們也是所居城市的正式公民。

如果你看一下報章副刊專欄的辯論，可能還會覺得人人生而自由平等在今天仍然備受爭議。正義經常與自由站在對立面：一邊是主張平等的「左派」；另一邊是贊成（個人）自由、對平等不屑一顧的「右派」（其描述極有問題）。然而，現代政治理論的經典著作一致同意，人人生而自由平等是對封建秩序的反抗，並以此為民主鋪路。我傾向於結合民主的這兩個基本規範原則，來談論自由平等、自主平等、尊重平等及認同平等。人類學主張，人的尊嚴和尊重會因性別、宗教、種姓、膚色、教育或職業而異，這與現代對民主的理解不相容。民主是在自由與平等條件下的政治自決。

政治（集體）自決的前提是了解人民共同的願望，公民社會進行協商來釐清政治上應該做的事。有些人會反對，認為這樣就被固定在一個協商式民主理論上。如果有人像哈伯瑪斯一樣將協商民主理解為一種概念，根據這種概念，所有人的共識創造了合法性，那麼我並不提倡協商民主的概念。然而，單單是偏好性的聚合也不是民主。民主基本上包括民眾理性運用、衡量計畫的利弊、討論合宜的正義標準，例如社會政策，透過獨立司法機構確保平等權利，並由議會審查政府。城市設有「議會」，負責指導城市行政活動；這個名稱本身就強調協商。在古典時期的政治哲學中，*euboulia* 扮演著重要角色，也就是將「良好的建議」當作值得追求的目標的狀態。

如果我們暫時從現代國家的特殊條件中抽離出來，就會發現在中世紀中葉和文藝復興時期成為城市理想的協商公民形象，依然塑造著我們的民主理念。現在我們意識到數百萬人無法定期參與協商，於是各級議會形式的代議制民主，伴隨著媒體的公開聲明以及在私下對話中評估，就足以令我們滿意。

在政治理論中，協商與決策被視為對立的概念。事實上，協商與決策是相輔相成的。最終必須做出決定，但未經深思熟慮的決定就是純粹的武斷。不願面對正反理由的交鋒、不願讓個人的政治計畫公開接受大眾批評、不願回應反對意見、不願確保維護平等自由原則，或者——用另一個核心術語來說——不願確保政治正義，就不會有民主。如果個人平等權利得不到法治的保障、如果議會無法控制行政機關，或者如果政治行動少了民眾理性運用相伴，那麼就算透過選舉、由多數決定政府組成，或總統任命而被正式視為民主的政治制度也都不是民主。沒有言論自由和新聞自由、沒有對隱私和個人利益的保護（即使這些利益與大多數人的利益相衝突），也不可能有民主，尤其是因為如此的政治程序是不可接受的。

在前面的章節中，我們認為，如果沒有意見的多樣性和對不同觀點的尊重，就不可能有認識論理性。事實上，出於意識形態、宗教或政治目的而將主張與陳述工具化，會使得我們難以建立理性的判斷，甚至在許多情況下是無法做到的。如果無法衡量特定信念的利弊且廣納觀點（即使是明顯偏離主流的觀點），那麼判斷的可靠性就會大受影響。賦予可靠的判斷內在價值，我們稱之為啟蒙計畫。判斷不是達到其他目的的手段，而是有自己的認識論理性。將意見的表達歸入任一種政治理性之下，都會斲傷啟蒙與人文主義文化，而缺少這兩者，就沒有民主。[1]

民主中的協商元素愈重要，政治觀點的形成就愈接近認知過程。協商愈是被推延——例如面臨危機時僅僅以投票取代了權衡理由——民主就愈明顯地變成一種偏好聚合的形式。「集體選擇」（Collective Choice）理論就是將個人偏好轉為集體偏好或決策的理論，它將政治決策過程模式化為單純的偏好聚合，[2]將個人偏好視為既定的，以決定要依據哪些出自個人偏好的規則來產生集體偏好和決策。集體選擇理論的結果主要是負面的，也就是說，人們認為不可或缺的假設同時是無法實現的，例如阿馬蒂亞・沈恩（Amartya Sen）在他著名的

---

1 參見Julian Nida-Rümelin: *Per un nuovo umanesimo cosmopolitico. Lezioni milanesi per la Cattedra Rotelli*. Mailand: Mimesis Edizioni 2020.

2 完整的說明請參見Lucian Kern, Julian Nida-Rümelin: *Logik kollektiver Entscheidungen*. Berlin: De Gruyter ^{2}2015.

自由主義悖論中指出的個人自由的假設和帕雷托效率（Pareto-Effizienz）假設。[3]

協商民主與科學之間的差異，主要體現在民主意見形成的兩個特點，而這兩個特點明顯區分了民主與科學的意見形成。首先，相對於科學論述而言，政治論述不是依據學科與分支學科建構的。反之，政治專家的專業知識經常被議會團體或政黨高層的共同意見排擠。在此背景下，政治上的努力就是追求基於綱領性決定的連貫性整體策略，因此次領域的意見形成和決策必須受檢驗，以確保它們符合整體政治理念。第二，更顯著的特點是投票的角色，也就是讓協商過程達成結論（通常只是臨時性）的程序。有別於科學，為了確保行動的能力，你來我往的爭論會被停止。這就是決策發揮作用的地方。

一個充滿活力的民主體系需要創造性的想法和建設性的批評，它鼓勵人民參與意見形成和決策，是包容的而不是排他的，並忍受矛盾和衝突，將利益分歧轉化為論點。單純的利益決定或表達還不能算是對政治的貢獻，只有當提出

3　參見 Lucian Kern, Julian Nida-Rümelin: *Logik kollektiver Entscheidungen.* Berlin : De Gruyter [2]2015, Kapitel 11.

的不僅僅是出於利益或偏好，而是政治信念被賦予理由時，政治才會在民主中發生。只有當這些理由是以基於支持整體民主的規範標準，即首先是平等的自由、正義、團結、經濟效率、永續性等，才能被視為政治理由。在民主社會中，只有以共同利益為導向的論點才能被視為政治論點。或者，更簡潔地說：民主始終是一個共和國，或是——套用盧梭的術語——一個道德集體。

如果協商在民主中的角色如此關鍵，那麼本書認識論部分中的所有論點也適用於民主：重要的是論點本身，而不是考量對誰有利（cui bono）。政治行為者的策略理性凌駕了判斷力，並將它作為達到某些政治目的工具，將不同的信念排除在政治話語之外，甚至壓抑它們，這都危及到了民主的本質。取消文化在民主中沒有合法地位。

憲法拱門

在戰後時期的義大利，出現了一個與法西斯時代的反抗經驗相關的術語：

憲法拱門（*Arco costituzionale*）。事實上，針對墨索里尼極權政權的反抗運動已然形成。多年以來，墨索里尼極權政權徹底滲透了義大利社會從南到北的各個角落，甚至連西西里的黑手黨也採取守勢，在其傳統勢力區大幅失去社會控制權。一直到美國在義大利裔美國人的專業幫助下入侵成功，才（無意間）促成了義大利南部黑手黨政權的復興。

儘管這只是義大利法西斯的一個邊緣面向，它仍然顯示了全面滲透社會的集權主義計畫的巨大成功。二戰以來，民主國家所採取的嚴格措施，甚至是為了針對黑手黨家族內鬥的升級而進行的**懺悔者**（*pentiti*，悔改的前黑手黨成員）運動，都無法遏制黑手黨組織（包括卡拉布里亞的「光榮會」、拿波里的「西西里島黑手黨」，以及其在義大利中部和北部的分支）的結構、影響和最終的經濟擴張。明顯地，在民主憲法國家中，最終決定成敗的關鍵並非國家制裁和貫徹運用所有警力資源，而是全體社會的文化結構。萊奧盧卡·奧蘭多（Leoluca Orlando）是黑手黨的批評者，長期擔任巴勒摩市長，他是一位出身西西里島的古老家族、受過良好教育且學識淵博的法學家，他在公民文化層面上拯救了他的城市。巴勒摩現在看起來整齊潔淨，日常犯罪大幅下降，黑手黨謀殺事件幾近絕跡，整體犯罪統計數據也不錯。然而，即使這個民主政治家的勝利得到了絕大多民眾的支持，也無法制止黑手黨在經濟上進一步的擴張和對國家機構的滲透。

我們必須在這樣的背景下看待義大利的反抗運動：它在公民文化方面失敗了；沒有反對法西斯主義的主要群體。即使是在義大利南部深入民間、由家族組織的強大黑手黨也被擊潰。在這種情況下，所有剩餘的抵抗資源都被啟動，政治傾向和出身高低已不再重要。義大利共產黨當時仍以史達林主義為導向，組織訓練有素並帶有相當程度的憤世嫉俗的幹部試圖維持上風，但沒有成功。二戰之後，以自由主義、基督教、社會主義和人文主義為導向的鬆散反抗組織組成了**憲法拱門**，它包含了廣泛的政治力量聯盟，但排除了右翼的法西斯主義和新法西斯主義，以及當時主張改革的左翼共產黨的反民主力量。任何不屬於**憲法拱門**的人都不是政治對話夥伴，雖然享有民主憲政國家的所有自由，但他們的言論在政治上不受重視。這些人置身於民主光譜之外，被排除在理解、民眾理性運用、衡量論點所需的最低共識之外。

在義大利，這種被排除在**憲法拱門**之外的政治運動被邊緣化的形式，只要它仍然存在，就不會與一般的社會和文化汙名化扯上關係。新法西斯主義政黨義大利社會運動黨（MSI）的青年活動幾十年來相當活躍，年輕支持者眾多，尤其是在義大利南部。雖然他們在政治上不受重視，但在社會文化上卻沒有被邊緣化。他們被視為主要民主力量的反叛者，在政治上不完全理性。即使是那些公開支持或曾經支持法西斯政策的人，例如喬治・阿爾米蘭特（Giorgio Almirante），也沒有受到可能的職業禁令、輿論打壓、個人誹謗或社會排擠的影響。在幾次政治輪替之後，這個極右翼政黨在詹弗蘭可・菲尼（Gianfranco Fini）的帶領下過渡為右翼的全國聯盟（Alleanza Nazionale），其後更參與了貝魯斯柯尼掌權的政府，後來又與他的政黨義大利力量黨及其他幾個政治團體合併為自由人民黨，直到貝魯斯柯尼和菲尼政治決裂，還上演了一齣一家之主驅逐了不服從女婿的戲碼。如今，長期活躍於義大利兄弟會的梅洛尼當選為義大利總理，該黨是一個崇拜墨索里尼的新法西斯政黨，也是社會運動黨和全國聯盟的繼任者。

這裡出現的第一個問題是，**憲法拱門**的做法是否是一種合法的取消文化形式。首先，我們應該注意的是，與教會的做法和極權政權不同，這種政治邊緣化的形式（被排除在合作或甚至聯盟之外）並沒有讓這位身處**憲法拱門**之外的政治人物，作為一個人、一個公民，更別提作為一個政治人物被沉默，而是不接受他作為某些憲法背景下的對話和互動夥伴，例如議會辯論或聯盟談判。因此，即使在那裡的話語權和言論自由不受限制，這還是特定領域的邊緣化。然而，當代取消文化的做法大多是針對整個人。如果這個人發表了錯誤的聲明，那麼他在任何情況下都是個**不受歡迎人物**（*persona non grata*），包括那些不涉及政治內容的場合。這也是職業禁令的目的：影響人們生活中最敏感的領域，使得他們不得不以可信且持久的方式，在政治上與先前的立場保持距離，或是被迫接受生活中的嚴峻劣勢。在公職人員必須遵守憲法的情況下，總有一個憲法上合理的標準，但如果這種制裁轉移到一般勞動市場，就缺乏合法性的基礎。

一些明顯的案例顯示，大眾的污名化便足以讓人無法繼續從事先前的行業：藝術家不再受邀參展、演員不再受聘、科學家得不到永久合約等等。特定領域的政治邊緣化與一般取消文化之間的差異是顯而易見的：一種是有關民主政治論述的共享基礎，而另一種則是涉及汙名化、排擠、迫害，甚至在必要時殺害那些表達錯誤信念的人。對我而言，後者無論在任何情況下都是不道德的，但就憲法法律和政治秩序原則達成的共識，作為對話的先決條件，在基本上是允許的。不過，對話的界線應該盡可能放寬，因為政治立場的邊緣化往往會導致激進化，而且還可能根據民眾輿論的狀況，讓威脅憲法的運動趁機坐大。

因此，從一些政治策略性考量，盡可能贊同最寬鬆的**憲法拱門**。例如，在由於議會實務的法律框架，在議會論述中持續排除政治立場是不可能的（議員有發言權，議會團體有一定的共同決策機會，任何人都不能僅僅因代表的立場不符合憲法核心規範的立場而無法在聽證席上發言）。公開處理非憲法體制共識的立場，包括透過辯論也是民主主權的一種表現，也是一種自信，即使憲法程序失去合法性的論點難以服人。因此，闡明這些論點甚至可能有利於民主人士。潛藏的政治怨恨可能比憲法的敵人參與公共政治論述更加危險。

民主中的策略性溝通

在政治實踐中，公開聲明毫無疑問地具有策略性，就是為了達到政治目的。時間點和機會必須選擇得當，發言的語言形式也必須適合受眾。該聲明的目的在於提高支持率、準備競選活動、批評政治對手（即使沒有指名道姓）；這麼做的目的是動員自己的支持者、修正至今所採取的立場以便隱藏矛盾、開始改變方向或預測人事決策。這裡提到的政治目的是合法的，那麼為什麼將聲明與這些目的保持一致，或者，更確切地說，將它們當作實現這些目的的工具就不能是合法的？

第一個答案毫無疑問，是的，這是合法的。但是，這個肯定的答案只在極為特定的條件下才適用，其中最重要的條件就是**誠實性原則**（*Regel der Wahrhaftigkeit*）。在民主體制中，政治實踐取決於高度的信任，因為公民除了在普選中發揮影響力之外無法直接做出決定，只能透過議會代表間接做出決定。此外，正如我們所見，民主在本質上是協商性的，意即它涉及的是闡明支持、反對某個計畫或措施的充分理由。民主信任有一個重要的前提，就是參與者必須誠實溝通。誠實性要求他們只能說他們自己深信不疑的事。誠實性不要求真理，如果一個人在不知情的狀況下說了假話，並不違反誠實性的概念。但是，誠實性對外在行為施加了嚴格的限制。在許多狀況下，說謊或說一些會引起錯誤期待的話，在策略上可能是可取的。但如果故意為之，即使該陳述事實上是精確的，也會違反誠實性原則。柯爾（Helmut Kohl）政府領導下的勞動與社會部長諾伯特．布呂姆（Norbert Blüm）在競選期間經常重複、還印在海報上的一句名言：「退休金是有保障的！」從沒有人需要擔心失去退休金權益的意義上看，它是精確的。然而，基於人口結構改變和失業率上升的爭論，民眾對退休之後的經濟保障的憂心程度，布呂姆不可能不知曉。大多數人對「退休金是有保障的！」這一說法的理解是：這種憂慮是杞人憂天。然而，正如我們今天所知，而且在當時如果我們有來自社會部的數據，我們至少也**可以**知道，這種憂慮並非空穴來風。從這一點來看，這個說法是真實，但不誠實。這也代表了你可以用真實說謊。

如果我們將謊言理解為這樣的陳述：（一）客觀上是錯的，（二）陳述者明知是錯的，並且（三）陳述者說謊的目的是為了誤導聽信陳述的對象，那麼很明顯地，無論政治動機為何，謊言在民主國家都是不可接受的。很受歡迎的**髒手**（*dirty hands*）論點認為，政治不必遵循我們日常生活中相同的道德規則，這無法讓人信服；它忽略了民主的本質，而民主在很大程度上是以預支的信任為基礎。

與某些批評政客的說法相反，沒有人會只因為相關陳述客觀上是虛假的就被判定撒謊。只有在有利的認知條件下才會發生這種情況，也就是說，只有當發表聲明的人有必要的資訊顯示該聲明其實是虛假的，才會出現這種情況。在公開論述中存在著一種奇怪的做法，就是要求對未來的發展做出承諾，而相關政治人物對這些承諾只能做有限的掌控或根本無力掌控。「您能保證退休金不會低於這個水平嗎？」這個問題在語言邏輯上很荒謬。沒有人能夠保證未來的發展，我們能保證的只有自己未來的行動。如果退休金的額度不完全取決於自己的行動，根本就不可能許下這樣的承諾。要求道歉這種政治手段的情況也同樣如此，政治人物被要求為他們自己根本無法負責的事態發展道歉，因為他們無法掌控這些情勢。

舉一個最近的例子：在二〇二一年夏天，美軍撤離阿富汗的危機中，外交部長、國防部長、內政部長（但令人驚訝的是竟然沒有總理）都被要求下台或至少對所造成的人道災難道歉。儘管自西方國家干預開始以來，阿富汗的情勢日益嚴峻，這些期望卻是荒謬的。就目前所見，沒有任何一個歐洲政府能夠影響美國總統決定執行其前任所談判並設定的最後期限，也就是美軍在短短幾個月內完全撤出。因此，一般認為撤軍應該更早開始，而且歐洲盟友也辦得到的看法是錯誤的，因為持續撤軍數週或數月將大大提高軍事與恐怖威脅的可能性。再者，讓美國人堅持下去卻撤回出其歐洲的支持者，也很難符合北約內部的聯盟忠誠度。在美軍宣布撤出阿富汗之後，裝備相對精良的阿富汗軍隊就向裝備簡陋、騎著電動機車、手持AK-47步槍的塔利班武裝分子投降了，不費一槍一彈，這不是介入阿富汗事務的西方列強所能掌控的。我甚至覺得，這整個過程很可能是塔利班與阿富汗政府幾週前密謀達成的協定，也沒有告知西方盟友，而阿富汗總統的提前出逃也證實了這一猜測。

面對急遽的負面發展，道歉能安撫人心，而這正是它們在政治溝通中的作用：找到認責的有罪一方，情勢的發展也就更容易承受。但是，如果沒有自我掌控的先決條件和承認有罪的認知條件，那麼要求這樣的道歉和以道歉的形式同意道歉都是不誠實的。不僅如此，要求道歉的人和道歉的人都是不誠實的。

這並不是要質疑政治責任制度。即使相關部長並未直接參與決策，也應承擔政治責任。這個制度還設立了明確的劃分。這包括：相關部長可以對其部門做的所有決策負責，但不能對其部門職權和能力範圍以外的流程負責。政治責任制度確保了民眾監督，因為部門官員本身不是民眾人物，無法公開為自己辯護，而且還要聽候上級指示。它預設了部會內部最大可能的層級控管，這與內部民主決策程序不相容。不誠實的道歉要求和不誠實的道歉，都是民主社會中策略性溝通的不合法例子。

當客觀精確的陳述被汙名化時，就會出現一種極端形式的取消文化。在這種情況下，我們可以說策略性溝通會失控，甚至不再受現實設下的界線約束。有時，指出事實可能會讓人感到政治上不舒服，在極端情況下（例如伽利略的觀察）甚至會危及教會與政治秩序。然而，在任何情況下，這都不能成為被迫沉默的理由。政治策略溝通的基本原則——對誰有利？——只有在真實與誠實的狹隘界線內才能發揮作用。

啟蒙的終結？

協商民主的理想是一種無主宰者的論述（herrschaftsfreie Diskurs）。論述參與者之間沒有等級之分，人人都有平等機會表達自己的觀點並為其辯護，沒有人壓抑其言論、沒有人能聲稱自己擁有話語主權。論述參與者目光平視，彼此傾聽，不打斷對方，不任意中斷溝通。在哈貝瑪斯式的協商民主中，它的基礎是一種並非毫無問題的認識論，據此真理可以被定義為一種理想的共識。因此，人們在沒有恐嚇和排擠的無主宰者論述中所達成的共識就是有效的，其可以從社會學角度來詮釋，即在相關論述社群中對規範的認同，也可以詮釋為客觀有效性，就是對規範的一種真實性定義。在社會學的詮釋中，這是一種看似合理的假設，也就是在一個不排擠任何人、不壓迫任何人、平等聆聽每個人的論述社群中，對於某些規範的共識會導致這個規範被認為是有效的。然而，這個標準不適合作為真實性的定義。即使在理想的認識論條件下，無主宰者論述社群中的共識也可能是錯誤的。不同的理論中所發展的某些標準代表了正義的規範，舉例來說，如果遵循羅爾斯，就是平等的個人權利；如果遵循功利主義者，就是最大化所有人的福祉；如果遵循自由主義者，就是與個人自由相容等等。我們會討論是否符合這些標準，以及這些標準是否適當，並提出支持或反對這些標準的論點，最後我們可能會被某種正義理論說服，但這並不保證其正確性。

這在實證科學領域是毫無爭議的。舉例來說，如果人們在一個無主宰者論述中就一個物理理論達成共識，那麼這個理論就是真實的，但新的發現可以質疑或反駁先前的理論。在實證科學中，我們一直在尋找真理，尋找最能貼切描述現實的理論。物理現實代表了理論的最終試金石，儘管我們永遠無法直接接近這個現實，即沒有概念和理論的預設。

我主張比照實證性的有效性問題來對待規範的有效性問題。我們在這裡也同樣一直尋找著；我們嘗試找出什麼是公平的，提出支持或反對某個標準的論點。我們其實應該在公開的交流論中這麼做，也就是在一個完全可稱為「無主宰者論述」的框架中。但即使論點交流的形式滿足理想的論述社群的條件，我們也可能犯錯。[4]雖然現實主義和建構主義對規範有效性的詮釋存在著這種差異，它們仍有一個重要的共同點：由占優勢的多數人或強勢的少數人採取支配手段、利用權力不對等、壓制不受歡迎的意見，都會妨礙認知過程。就規範性規則而言，行為規則或政治制度是否合宜，得看它是否對所有人的利益一視同仁。因此，強權者對異議的抵制不僅排擠了不同的立場，同時也邊緣化了這些

4　參見Julian Nida-Rümelin: *Unaufgeregter Realismus.* Paderborn: Brill 2018.

人，以及其意見和利益。

然而，我們必須防範馬克思主義或經濟學的錯誤詮釋，規範性立場的理性正體現在它盡可能從個人的利益觀點中抽離。認為道德與政治信念只不過是個人利益的代表，這樣的想法將葬送啟蒙的成就、理性與科學及論述與責任的導向。啟蒙計畫基於這樣的假設：如要對論點進行最公正的檢視，需要不同觀點的交流；多樣化的意見與矛盾能促進科學與生活世界的知識，並實現自由自決；唯有透過思想的開放才能走出「咎由自取的不成熟」（康德）。退回自己的堡壘中，讓確定性不因反對意見而動搖，因為不再允許反對意見成為論述的一部分；讓交流僅限於同溫層社群，並試圖壓制不屬於這個社群的人的意見表達——這條路正通往啟蒙之前的固化教條和意識形態權威的過去。

但是，允許並維持多樣化的意見、在缺少最終定論的情況下踏上共同認知的道路，這種自由論述社群的啟蒙理想難道不是一個巨大的幻想嗎？在現代，尤其是數位大眾媒體的條件下，我們不應該至少考量到注意力經濟（Ökonomie der Aufmerksamkeit）的現實？在推特上兩百八十個字的推文中，沒有空間進行異議的論證且尊重地處理反對意見。這裡的目的是盡量簡潔扼要地凸顯自己的觀點，以便在資訊與意見的洪流中博取關注。即使不遺餘力說明理由，也可能事與願違。論證通常會令不認同的人感到厭煩，挑釁則會激起回應，讓人注意到自己的介入。只有專家才能在一個狹窄的領域中處理意見分歧的論點。這裡涉及許多利害關係，而高度專業化使得大多數的分歧意見被排除在討論之外。此外，專門領域的專家通常會就相關學科的基本問題達成一致，而能力的標準大致上也沒有爭議。在這種情況下，很多事情是不需要討論的；你可以直接切入主題，專業論證的共同標準確保了可靠的理解。隨著注意力經濟的規則逐漸淡出，專業論證才有機會發揮作用。

選擇科學為業的人心知肚明，當代研究的現實是快節奏、全球競爭與經濟利益，極少能符合上述這種專業理性的理想。儘管如此，這種專業論述與政治及文化辯論之間的對立造就了科學與政治之間的關係。愈來愈多人否認民主政治的政治實踐與與民意形成能夠解決人類所面臨的問題，他們把全部希望寄託在學科專業知識以及科技與經濟實踐上，並堅信民主的政治實踐應該把人類面臨的重大任務委託給專家團隊，以此限制民意形成的非理性所造成的致命影響，尤其是在注意力經濟的條件之下。儘管這種新菁英主義的擔憂不難理解，但就目前的情況來看，它所達到的效果卻與預期完全相反。民粹主義運動目前正危及作為國家與社會形式的民主，其力量來自這樣一種普遍看法：決定世界與自己國家命運的是少數菁英，而意見形成與決策的民主過程不過是表面功夫，好讓人民保持安靜。在各種變體中，民粹主義議程不僅傾右，而且在整個政治光譜中都以一位具魅力的領導人直接轉化人民意願的方式來對抗這一點，他闡明民意、強烈反對菁英，並與阻礙人民意願轉化為政治實踐的既有民主制度來抗爭。如此一來，現代民主作為啟蒙運動的晚期計畫，將被扭曲為專家統治，最後在民粹主義的衝擊下崩塌。二〇二一年一月六日在華盛頓和二〇二三年一月八日在巴西利亞發生的事件顯示，這種發展走向絕非危言聳聽。

我們必須以民眾的理性運用、尊重互動的公民文化，以及對民主國家中公民日常理性的信任來應對這種情況。不過，光憑科學分門別類的專業知識是無法挽救實踐民主政治的理性。反之，在公共討論之中，科學應當以清晰易懂的語言傳達與政治相關的知識，並考量到各自學科觀點的侷限性。否則，就會像在新冠疫情期間的病毒學家一樣，無法考量關閉學校和托兒所對國家教育發展的影響，以及封鎖措施的社會性後果；同樣地，氣候研究無法為經濟與社會的永續發展制定政治策略。如果沒有民眾的理性運用、沒有支持理性的重要公民文化，國家與社會形式的民主就不可能存在。如果這種民眾的理性運用被排擠、分化、歧視與不寬容所毀壞，再加上短期注意力經濟的火上加油，作為平等自由的集體自決形式的民主就真的無藥可救了。

對誰有利？

在政治實踐中，有一個許多人遵循的指導原則。在優雅的拉丁文外衣下，它被包裝成一個問題：「對誰有利？」（Cui bono?）乍看之下，這個問題最明顯之處莫過於在每個行動中自問：這項行動是為了達到什麼目的、它促成了誰的利益、它實現了哪些價值等等。功利主義在盎格魯—薩克遜國家尤其佔據主導地位，將這種行動導向激進化為結果主義原則，並據此最佳化自己行動的結果永遠是理性的。「最佳化」（Optimierung）一詞的背後指的是機率考量：基於行動者有某些可能性或主觀期望，相較於他可以選擇的所有其他行動，相應行動的預期價值應該是最大的。在這層意義上，結果最佳化是一個明顯的理性標準。

我們應將語言表達也視為一種行動；這是現代語言哲學中一個重要的訊息，正如維根斯坦的承繼者所建立的：語言即實踐。為什麼不同的理性標準應該適用於我們的行為、溝通這一個領域？語言表達也應該要求結果最佳化，其評估則視於交流者的主觀價值與主觀機率而定，這不是很明顯嗎？因此，如果一項表達能夠最佳化陳述者的結果，那麼該表達就是理性的。

「對誰有利？」在每種情況下詢問某個表達所追求的究竟是什麼目標，以及誰會從中獲益。我們可以將這個看不見又無所不在的問題視為政治實踐的**職業病**（*déformation professionnelle*）。即使沒有明說，那些以政治為職業、經常從事政治活動的人，在每次發言時總會問：「我這樣做能有什麼成果？它能達成什麼目標？」

然而，我們的許多表達都是為了澄清事情的真相。例如，我們想知道：天然氣禁運對俄羅斯經濟的損害是否比那些發出禁運令的國家還大；如果將電池的生產及報廢處理所造成的二氧化碳汙染計算在內，那麼改用電動車可以減少多少碳排量。如果我們不知道情況如何，通常就不知道什麼是正確的做法。在被馬克思主義知識分子篡奪地位之前，斐迪南・拉薩爾（Ferdinand Lassalle）是德國勞工運動的傳奇領袖，他深信每一種好的政治都始於確定實際情況。因此，我們同樣有興趣了解情況；我們想實際地了解現實，再決定該怎麼做。

假如啟蒙與政治實踐之間存在著這種預定和諧[5]，事情就再好不過了。遺憾的是，鮮有跡象顯示如此。特別是在獨裁政權中，當權者的興趣顯然在於讓人民無法獲得充分的資訊，並系統地對人民隱瞞訊息，而無法隱瞞的資訊則以有利當權者的方式詮釋。掌權者對真相不感興趣，但對真相感興趣的人不會探

5 譯註：prästabilierte Harmonie，萊布尼茲哲學的一個基本概念。

究誰從哪種主張中獲益，而探究這個主張是否屬真。那麼，我們又為何要假設這種為了準確評估現實的努力，每次都會有利於人們追求的政治利益？反正，那些獨裁者幾乎以截然不同的方式看待一切。但是，即使在民主實踐中，人民通常也會考慮希望了解哪些資訊、不希望了解哪些資訊。在最好的情況下，這並不是散佈假消息，而是壓制某些準確資訊，並凸顯其他準確的資訊。那些主張開放邊界的人可以利用大量資訊來支持移民，而那些反對開放邊界的人同樣也有大量資訊可以證明融合政策屢屢失敗、動搖公民文化的平行社會如何出現，以及移民對留守者的影響等等。[6]

在民主政權中，有許多預防措施用來防止政客說謊。如果主題有足夠的關聯性，被證實的謊言通常就等同於在政治上被判了死刑。有別於獨裁體制，在民主體制中有許多可用的工具，可以多多少少可靠地保護民眾不受騙。儘管政

6 在二〇一五／一六年所謂的移民危機之後的動盪時期，我嘗試以書籍的形式推廣判斷中的實踐理性，並理性地衡量各種論點和資訊。參見Julian Nida-Rümelin: *Über Grenzen denken. Eine Ethik der Migration.* Hamburg : Edition Körber 2017.

治辭令一再偏離精確的定義，但不同於一些報章副刊的胡言亂語，還是十分清楚應該依據哪些標準將一項陳述視為謊言。正如前述，這有三項標準：第一，該陳述客觀上是錯的；第二，發表該陳述的人知道它是錯的；第三，該陳述的目的是誤導受眾。只有同時滿足這三項條件的陳述，才能被稱為謊言。

相對於政治辭令中帶有某些爭議性的含沙射影，如果一個人不知道某個不實陳述是不實的，那麼該陳述就不是謊言。不過，某些明知是不實陳述也不能被視為謊言，因為這些陳述的目的並不是誤導他人。這包括諷刺性言論、作為藝術實踐一部分的陳述，例如在劇院舞台上，也包括英語中所謂的**白色謊言**（*white lies*）或稱善意的謊言，它不是真正的謊言，而是我們通常認為與事實不符的陳述。典型的「白色謊言」就是當有人問你過得如何時，你回答「我很好」。不過，如果這個問題不是來自於你的熟人，反而是來自於你的同事時，那麼後者不會預期你在狀況不好的情況下，據實回答自己的心理狀態，否則就違背了普遍慣例。「我過得不好。」這個回答會迫使提問者表達同情並提出進一步的問題，而這又違反了「自由裁量權原則」。因此，你留下一個不置可否、語氣上不太符合事實的答案「我很好」，或者就像英語中常見的那樣，你也可以反問對方：「謝謝關心。那您過得如何？」

在某些狀況下，這種在德語中沒有對應詞彙的白色謊言是「必要謊言」（Notlügen）。如果應徵者在面試中被問到是否懷孕或有備孕計畫，她可能會為了保護自己的自主生活方式而故意給出虛假的回答。另一方面，善意謊言是指必要時允許、甚至可能刻意說謊，來誤導對方的情況，也就是真的依據三項標準來說謊。受到這種必要謊言保護的無辜受害者正是一個案例，而康德錯誤地認為這種謊言在道德上是不允許的。然而，無論在處理白色謊言或必要謊言時，在政治上都遠比日常運用還要嚴格許多。

這種差異在美國尤其明顯。雖然當被問到醫療診斷時，不會有人預期對方會如實公開其診斷結果，但是卻期待政治人物是如此，尤其是總統應公開自己的醫療報告與私人財務狀況的資訊。在日常行事中，為了保護隱私與資訊自決會允許白色謊言的存在，美國政府也利用白色謊言來合理化小布希發動第二次波斯灣戰爭的決定，而他們顯然也承認，自己的國務卿被偽造的中情局資料蒙在鼓裡，以致於他向聯合國提供了自己的情報機構明知不準確的資訊。科林．鮑爾（Colin Powell）後來在自傳中形容這是一個重大錯誤，他責怪自己不是說謊，而是過度信賴他人。事實上，種種跡象清楚顯示，即使一個未深入觀察資訊情況的人也能知道，有關伊拉克正在大量製造與儲備大規模殺傷性武器以準備對付以色列的這種說法是與事實不符的。單是引戰理由的轉換之迅速，就足以讓任何有政治判斷力的人起疑心。事情再明顯不過，發動這場戰爭的目的是要結束前總統父親故意沒有了結的事情，亦即推翻伊拉克獨裁者海珊，而小布希當時還在為爭取民眾支持尋找合法化戰爭的理由。

從美國政府的角度來看，訴諸必要謊言可能有其必要，以便爭取民眾支持一場被認為是必要的戰爭，但這對美國的政治極為不利，對英國更是如此，尤其是對首相布萊爾（Tony Blair）。原因在於，民主政治制度要求預支信任，而這種信任必須在實踐中證明其合理性。代議民主的基礎是，公民覺得自己是一個被代表的整體，並信任政治行動者會為他們的利益行事。然而，為了能夠判斷事實是否如此，政府的行事必須足夠透明，而且提出的行動理由必須與事實相符。如果在一個如此嚴峻的事件中違法，將導致一場可能持續多年的嚴重信任危機。維基解密公佈的文件也讓人對外交政策實踐的誠信深表懷疑，至今依然如此，尤其在美國及在文件中與美國在中東合作的其他國家。這些大量文件的披露重創了美國政府，包括顯示美國士兵犯下戰爭罪行的知名影片《附帶謀殺》（*Collateral Murder*）。這也解釋了為什麼美國政府非要以合法與不合法的手段追捕朱利安．亞桑傑[7]（Julian Assange）不可的原因。事實上，這揭示了即使是民主國家，在外交政策實踐中也或多或少有系統性地違反了真實性與人道原則。有趣的是，這起事件並沒有產生任何民眾可理解的政治後果：負責的國務卿無須為自己辯護，也沒有採取任何預防措施來防止日後可能被揭露的不人道行為。最重要的是，一般大眾認為，自己多年來在國家外交政策上被誤導只是一種輕微的罪過。假如這些揭露行為涉及內政事件，很難說不會有嚴重的政治後果。

7　譯註：維基解密的創辦人。

即使禁止說謊適用於民主國家的內政，卻不表示政治溝通就不會故意誤導大眾。事實上，在許多情況下，對現實做出誤導性的描述而不說出不實的話是十分簡單的——我曾在《時代週報》（*ZEIT*）的一篇文章中稱之為「**用事實說謊**」（*mit der Wahrheit lügen*）。保羅・格萊斯（Paul Grice）以「隱涵理論」（Theorie der Implikaturen）的形式對此進行了語言哲學分析。根據這個理論，在適當的溝通中有某些傳統上既定的期待，違反這些期待會導致聽信陳述的對象產生錯誤的期待和推測。如果你問一個人某個東西在哪裡，他回答：「在A房間或B房間。」我們會將這個答案解讀為他不知道東西在兩間房間中的哪一間。事實上，如果東西在兩間房間中的其中一間，而回答者知道是哪一個，那麼「在A房間或B房間」這個答案也是正確的。傳統的溝通規則之一是我們要提供最準確的可用資訊，在這個例子中，我們要說明東西在兩間房間中的哪一間，而如果我說：「在A房間或B房間。」發問者就會假設我不知道在這兩間房間中的哪一間。這裡隱藏了回答者已知的資訊，目的是讓發問者產生錯覺，也就是我不知道東西在哪裡。如果這種誤導是刻意為之，那麼該陳述雖然是**真**

實的，卻**不誠實**。

在政治溝通中，重要的不是蓄意的假聲明，更為常見的是對已知資訊的壓制。移民支持者認為不指出犯罪者的原籍或國籍很重要，這樣批評移民、特定移民或移民過多的人就得不到任何資訊來證明他們的反感是有理的。實際上，在某些犯罪案件中，具有移民背景的犯罪者遠遠不成比例，儘管德國公民和非公民的整體犯罪率差異並不大。[8]

然而，在某些情況下，壓制資訊在倫理和政治上也是必要的。現在普遍同

---

8 根據聯邦刑事警察局（BKA）發布的統計數字，在二〇二一年所有刑事犯罪的1785398名嫌疑犯中，移民嫌疑犯的比例為百分之七點一，相當於127489名嫌疑犯。然而，如果我們從特定領域而非整體犯罪來看，我們會發現危害生命罪中的移民嫌疑犯比例為百分之十二。雖然二〇二一年有組織犯罪領域的移民嫌疑犯人數略有下降，但以移民為主的組織犯罪集團數量卻略有上升。這類集團的犯罪重點明顯是販毒和走私。組織犯罪集團以土耳其和阿爾巴尼亞移民為主。參見Bundeskriminalamt (Hg.): »Kriminalität im Kontext von Zuwanderung. Bundeslagebild 2021«. Online verfügbar unter: https://www.bka.de/SharedDocs/Downloads/DE/Publikationen/JahresberichteUndLagebilder/KriminalitaetImKontextVonZuwanderung/KriminalitaetImKontextVonZuwanderung_2021.html;jsessionid=D50E4EA784422278FEBD394ABE0237BA.live601?nn=62336（網址擷取自二〇二三年七月十四號）

意不應該報導自殺事件，或只應以非常保留的方式報導，以免引發模仿行為。自從法國和德國發生伊斯蘭恐怖攻擊之後，有關恐怖攻擊犯罪者的資訊也僅能謹慎提供，以避免產生不良的英雄化效應。但是，我們至今仍然提不出一個處理恐怖攻擊的媒體策略來對抗恐怖分子偏激的算計。事實上，恐怖行動的目的從來都不是要殺害無辜者，而是要讓得知這些行動的民眾惶恐不安，縱使是死亡人數相當的交通事故受到的關注也遠遠不及恐怖攻擊。恐怖分子的媒體策略每每奏效，是因為恐怖攻擊造成的震驚使得人們特別留意這方面的消息。

可是，在這種情況下「對誰有利？」表示，幾乎只有恐怖分子才能從這類資訊得利，因為我們要保護自己免於恐怖攻擊幾乎是辦不到的，而且成為恐怖攻擊受害者的機率也很低。從議會和政黨、協會及工會，再到公民提案與社團，整個政治都是多少明顯、成功地壓制不受歡迎的意見：預期發表與自身利益相左的言論的人不會受邀，不然就是被「忽視」；令人不舒服的議題，不是藉由巧妙安排的議程來避開，就是被延遲，如此一來就幾乎沒時間討論它們；研究機構和主管機關提供的資訊不對外公開，一些有利於他們自己政治議程的資訊則被傳播和引用，廣傳的程度遠超出其實際相關性。在吉娜—麗莎．洛芬克（Gina-Lisa Lohfink）的案例中，這種做法甚至促使德國在二〇一六年修改相關法律，雖然人們之後很快就發現，媒體對案件的主要解讀與事實不符，這一點有影片佐證。而法官在審判期間允許播放那些影片的做法也飽受批評，這可能是源自於惱怒：透過播放那些影片，人們發覺先前對於案件幾乎一致的詮釋顯然並不正確。

二〇二二年，十四歲非裔美國少年喬治．斯汀尼（George Stinney）被處決七十五週年，他被指控謀殺兩名（白人）女孩。在社群媒體上，此案被視為公然的誤判，導致這名每次出庭受審都手持聖經的十四歲少年喪生。[9]而這名少年供認不諱，甚至帶檢調人員找到凶器的相關資訊則被隱匿。然而，二〇一四年十二月，南卡羅來納州法院撤銷了這項判決，原因是斯汀尼沒有得到公平的

---

9 二〇一四年十二月十七日，法律辯護基金會的官方推特帳戶發佈：「喬治．斯汀尼長眠於此。願他安息。」包括一張喬治．斯汀尼墳墓的照片。參見https://twitter.com/NAACP_LDF/status/545325915585392640?s=20&t=Jxb2dgxWY1yBA28Zq2JIMw（網址擷取自二〇二二年七月十四號）

審訊，這侵犯了他的憲法權利。不過，法院並未認定這名被處決者是無罪的。

在法庭上，我們保證會一五一十地說出全部的事實，而且除了事實之外別無其他。更精準的說法是：我將

一、盡我所知所信，說出我認為的情況；

二、不遺漏任何我認為與釐清案件有關的內容；

三、不提供任何我認定為真實，卻可能誤導聽眾的現實資訊。

去平台化

一大部分的政治溝通與輿論形成已經轉移到數位平台，尤其是社群媒體。因此，一些活躍分子的目的就是讓某些特定觀點遠離這些平台，也就是實行去平台化。

批評者認為去平台化是一種特別有效的取消文化形式。由於民主國家沒有審查制度，所以必須使用其他的方法，而一種效果奇佳的方法就是誹謗那些代

表不受歡迎意見的人，例如捏造他們懷有根本不存在的動機或羅織所謂的接觸罪，即在那些自稱政治正確者的廣大圈子裡，接觸右翼民粹政治人物、活躍分子或媒體一律不允許。單單是參加一個有右翼民粹主義立場代表的座談會，就可能被指控為錯誤的接觸，因而被排除在溝通空間和平台之外，而這被認為是合理的。

排除行為通常既不是在法律上也不是在技術上，而是透過抹黑來進行。義大利長期執政的總理貝魯斯柯尼甚至在社群媒體時代來臨之前就已經用貼上「共產主義者」、「全都是共產主義者」、「紅袍」[10]的標籤來進行這種抹黑行為。當時的義大利共產黨早已解散，它已經從戰後以蘇聯共產黨為方針的史達林式幹部政黨，轉型為最初的歐洲共產黨，後來的改革派社會民主黨。如今的民主黨大致上就是由此產生的。雖然貝魯斯柯尼未能成功地讓批評他的人沉默、讓他們名譽掃地，以致於無法在公開論述中發揮影響力，但至少他多次在

10 這裡指的是以各種罪名起訴他的檢察官，所有這些罪名都被他抹黑為「共產主義」，因此這是出於政治動機。

選戰中獲勝，儘管他有許多法律上的不當行為，而且與包括黑手黨在內的組織有可疑的聯繫。他的對手也抹黑他，但並未導致他被排除在公開論述空間之外。

如果再往前追溯政治公共領域的歷史，例如威瑪共和國或德意志帝國，那麼差異就更明顯了。從政治與意識型態的視角看，當時的媒體生態是高度兩極化的——套一句前衛的說法，就是形成一個巨大的泡泡——天主教中心派、右翼自由派及社會民主派各自擁有自家媒體，得以想見各自的支持者中的多數人只關注這些媒體。這種兩極化的形態一直持續到戰後，特定的雜誌、特定的報紙、特定節目有清楚的政治與意識型態定位。它們無視意見相左的資訊，提供有傾向性的報導，也不排斥宣傳式的新聞。

與此同時，這種兩極化卻也抵消了排除論述的可能。有時，來自一個陣營的不同意見會成為另一陣營的重要意見，無論如何它們確保了意見的廣納性。一個有趣的現象是一九六〇年代末期與一九七〇年代所謂的學生運動所造成的影響，從而改變了輿論的光譜；從前的中產階級的報紙支持部分激進的立場，而保守派和自由派的聲音受到輿論壓力，但他們意外地挺住壓力，結果從一九七〇年代中期起，保守派和自由派再次成為主流（提倡「勇於教育」、保守價值的回歸、學生運動因為教條化和激進化而喪失公信力）。最終，這也影響了政治，促使新當選的保守派總理柯爾（Helmut Kohl）呼籲心靈與道德上的改革，然而，這在一九八〇年代反倒成了笑柄，可能也是因為這早已悄然發生，一九八〇年代的特點是政治與世界觀立場的新多元化，還有在日益增強的輕鬆氛圍下，最終以瓦解東西方壓抑性的對立與冷戰的結束作為回報。

目前，我們處於一個矛盾的境地：某些論述形式的特點是（儘管不準確）通常被稱為左翼自由主義（在美國則被稱為**自由主義**或**非常自由主義**）的立場佔有優勢，實際上更偏向左翼社群主義；而保守到反動的觀點則往往在民眾之間廣為流傳，右翼民粹運動、政黨，乃至於政府的成功就是很好的證明。因此，取消文化的做法也具有防禦特性，即使有些活躍分子並未意識到這一點，但他們利用某些可能即將結束主導地位的論述形式，希望能維持文化上的霸權角色。不過，在我看來這與一九六八年學生運動類似，是基於對自己的過度高估。當時運動的激進聲音從來就無法取得大多數人的認同，即使在他們自己的世代中也只被少數人所認同，但卻發展出一種文化影響力，直至近年來才明顯減弱。

目前在美國也可以觀察到類似的現象：雖然激進派的覺醒立場（Woke-Positionen）在自由派媒體及民主黨中已有了一定的影響力，但顯然無法贏得選舉。只有拜登這位出身無產階級、不被懷疑是激進知識分子的「**中間派**」（*middle of the road*）從政者，才能夠在二〇二〇年的選舉中擊敗川普，儘管只是險勝。雖然不斷有人指責川普缺乏誠信、商業行為可疑、外遇等等，但一個以厭女和種族主義為口號、誹謗攻擊所有異議者的惡霸，居然能贏得美國過半數的白人女性選民的支持，這表示在許多論述形式和民主黨大部分的議程中或多或少都有覺醒立場，但這種立場在多數民眾中引不起太大共鳴。少數人的立場仍然可以發展出驚人的媒體力量，尤其是在當代數位傳播的條件下。昔日希臘或羅馬市場上萬頭攢動的景象彷彿又重回眼前。即使在當時，誹謗不僅針對意見，也針對抱持這些意見的人，包括實行接觸罪的慣用伎倆，也就是譴責那些假想的不當接觸。在危機與衝突時期，人類傾向聯合起來對抗一個真正的或只是假想的外來敵人，這種傾向可能根植於人類的部落歷史，然後在多少經過精心策劃的網路暴力中表現出來，其重複的內容令人生厭，但所造成的影響卻可能導致當事人輕生。

仰賴大規模銷售的公司——例如好萊塢的大型電影製作公司——覺得必須從已拍攝的電影中踢除那些受到民眾輿論壓力、必須忍受網路暴力的演員，無論他們是否佔理，並禁止他們參與所有未來的電影製作。有時，我們很難判斷什麼是驅動時間點：是社群媒體中某些領域的氛圍，還是經濟的算計。在十九及二十世紀沒落的媒體世界中，在政治與世界觀思想圈中所存在的論述格式化與意見多樣性的限縮，正透過一種主導性的去平台化做法，轉變為論述格式化與意見光譜的限縮，即使這種做法在整體人口中未必佔多數。

但是，當部分意見被壓制時，我們難道不高興嗎？我們真的必須一再地面對扭曲事實、明顯的假聲明、違憲意圖、反歐情緒、蔑視民主以及更糟糕的情況，例如種族主義、伊斯蘭恐懼症、反猶太主義、對少數族裔的普遍貶低嗎？

而那些利用權力謀取利益、濫權和越權的人，難道不該從論述空間，甚至在某些情況下從勞動市場中消失嗎？

我的回答分為兩個部分：

一、非法活動必須受到起訴與懲罰，例如侮辱、煽動民族仇恨、否認大屠殺、煽動恐怖攻擊等罪刑，即使這些行動是發生在數位通訊空間中。

二、我們必須忍受其他一切，或者說，我們必須以言論的方式面對其他一切，而不是透過去平台化或其他取消文化的做法。然後，我們留在理性的空間裡，我們提出反對理由，並在遵守最低限度的理性標準的情況下處理所提出的理由。

我們尤其不能任由建立數位通訊基礎建設的大型私人企業來決定哪些意見是他們想要的，哪些是他們要打壓的。臉書和推特的**社群規則**（*community rules*）不得左右論述空間，但國家機構無力負荷社群媒體傳播行為的洪流而投降，這就不難理解他們盡可能試圖將責任委託給供應商的行徑。然而，這是一種公共空間私有化，最終是對去平台化做法的默許，無論在任何政治與世界觀立場的支持下，這種做法都不符合啟蒙計畫、民主與表達自由。

呼籲寬容

在拉丁語中，*tolerare*的意思是「忍耐」和「忍受」。因此，它的名聲也隨之敗壞，因為容忍不只是忍受一件事，而是更很多事情，例如發揮同理心，也就是感同身受或至少嘗試去包容他人情緒的共情能力，努力達到理解與和解。我想以呼籲寬容來反駁這種說法。

在一個社會與文化對比鮮明、經常互不相容的民主社會中，如果我們期望懷著同理心進行溝通與互動，並以協調利益、甚至以達成共識為目標，那麼就是對人們過度苛求。啟蒙計畫的要求更少，同時也要求更多：要求是少在我們不需要去體會他人的情緒狀態所造成的影響，甚至感同身受，也不需要在出現歧異時設法尋求和解。它只要求我們忍受這些差異並文明地處理它們。因此，它是一種公民文化實踐，而不是一項創造和諧的計畫。當我們不誹謗、排擠，甚至持續封殺他人對其行動、信念與情感態度所持的理由時，即使這些理由與我們自己的理由衝突，我們就會認真看待自己作為民主社會公民的身分。

寬容是歐洲對三十年戰爭的回應。對信仰和生活方式相異者的殘酷滅絕，宗教社群之間水火不容所激發的殺戮欲望，對異議者的嘲弄和貶低，使精疲力竭的戰士們發現了一種美德：寬容。即使經過了三十年的內戰，依然無法達成和解（各種教派及其相關的正確生活方式和遇見神的方式仍無法相容），但寬容這項新道德要求容忍並接納這種不相容。沒有其他地方比德意志土地上的大屠殺更血腥、戰爭後果更嚴重，考量到各教派取向的錯綜複雜，也沒有其他地方比這塊土地更需要如此大的寬容。儘管程度極其不同，宗教團體的公共角色在整個歐洲都被削弱，民族國家的建立創造了一種新的集體認同，覆蓋了舊有的集體認同，但即使在這些已改變的條件下，狂熱傾向、對異議者的汙衊，以及對利益衝突者的無情對待仍一再出現，並在二十世紀另一場殘忍的內戰結束，這次內戰是由政治宗教主導，始於一九一四年至一九四五年告終，期間曾數度中斷。隨後的冷戰時期將世界觀的衝突全球化，這類衝突具有以往不寬容形式的一切特徵，由於彼此持有核武保證相互毀滅對方，這類衝突僅在「邊緣地帶」（Peripherie）升級為軍事衝突，也就是在開發中國家（globalen Süden）憤世嫉俗地發動或支持戰爭。

儘管有這些復發的衝突，寬容的道德仍然是政治現代的標誌，也是民主秩序的基本條件。言論自由與新聞自由進入憲法體系；公民的權利不會因社會背景、宗教或意識形態觀點、社群成員、性別、膚色及出身而受影響。寬容原則是每一個民主憲政秩序的特徵，它必須確立公民文化，也就是民主國家中人與人之間的日常互動。民主不僅是一種國家和法律秩序，也是一種生活形式。

某些意見不能表達或即使表達了也會被沉默，是有合法利益的。然而，寬容的原則要求實現這一目的的手段只限於理性的空間。我們可以提出理由來說服表達反對意見的人，甚至可以提出理由說明為何某些意見即使有論點與數據支持，也不應再在公開場合表達。[11]

11 嚴謹的媒體編輯部門的慣用做法是，只有在有合法利益的情況下才會討論犯案者的種族。在大多數個別犯罪案件中，宗教、出身、膚色、髮色和國籍都是不相干的，因此不值得報導。這種壓制資訊的做資訊自由屬於民主秩序的核心。我們有權知道事情的真相，尤其如果這種知識是公民充分了解社會現實所必需的。一個只允許被掌控且格式化的資訊的民主制度違反了自決權，也危害了民主實踐的認知基礎。反之，這種全面性資訊自由的前提是寬容的政治美德。如果犯罪行為導致犯案者所屬社群中的非涉案成員受到歧視，這不僅危及資訊自由權，也會破壞民主的公民文化根基。

法，當然能以不客觀的情緒化會帶來風險為理由。然而，接下來，警方統計壓制刑事犯罪頻率與其他特徵的相關性，其實是有問題的，因為這些資訊對於了解社會狀況的現實情形，以及在必要時採取政治措施改善情況，是至關重要的。

第四章　取代取消文化的政治判斷力

Politische Urteilskraft als Alternative zu Cancel Culture

協商民主

民主的人類學前提頗具爭議性。然而，毫無疑問，如果沒有這些有關人性的假設，民主秩序就沒有實質內容；它將縮小為一套決策規則，僅與那些以政治為業或從事公共行政工作的人有關，而《基本法》中的民主陳述「國家一切權利源自人民」將失去意義。除了認為不存在自然統治秩序、沒有作為領主的統治特權、沒有作為臣民的效忠義務、沒有一方為自由人而另一方為奴隸、沒有女性隸屬於男性、沒有種族階級、沒有主人與奴隸之外，是人的理性能力維繫了民主秩序。人有能力做出自己的判斷並依此行事，有些人將這種前提描述為實踐理性的能力，並相信它正確地翻譯了古希臘語 *nous* 一詞。我對此存疑。理性只存在於整體中，而非部分存在，如果你回溯希臘經典，那麼在這裡提供指引的是亞里斯多德對理性的實用主義理解，而不是柏拉圖對理性的科學哲學理解。對亞里斯多德而言，公民必須帶來的是基於生活經驗的**實踐智慧**（phrónesis），而不是科學哲學專業知識。亞里斯多德相信公民共同的政治判斷力，以及他們出於自願而非國家強制規定的合作意願。

在歐洲啟蒙運動中，人們發現了所有人生而自由平等。現在不再是男性正式公民來統治他們的家庭、妻子、子女和奴隸，而是每一個個體都被承認擁有平等的權利與自由。這種平等自由的人類學假說與對人類判斷力的信任互相結合，從而鞏固了民主的規範秩序。啟蒙計畫的本質是啟動並促進人的判斷力，正如康德所描述的，**從咎由自取的不成熟中走出來**（*Ausgang aus selbst verschuldeter Unmündigkeit*）。政治判斷力是民主制度信任且期望公民具備的核心能力，一旦缺少這種對超越科學專業知識的判斷力的信任，民意的形成就只會成為一種表象，正如各種所謂的陰謀論所暗示的，政治事件的實際參與者藏身於幕後。民眾對理性的運用不應該只限於報紙文章、電視談話節目和書籍出版品。當涉及一個小型鄉村社區的發展計畫時，我們要舉辦公聽會邀請民眾了解情況，並請他們在必要時提出建議或反對意見。我們必須將民眾理性運用想像成一個溝通行為網絡，目的在於確定符合共同福祉的事物。

明顯地，扭曲的觀點是基於自身利益以及經濟、意識形態或宗教勢力的影響而產生。作為趨勢產業，出版社對其媒體產品的內容有一定的影響力，所謂的新聞內部自由在實踐上效果有限，編輯部存在著層級制度和既定的考量。不過，能力與權利的差異也會對地區委員會、常客餐桌或私人圈子中的小規模政治輿論形成的過程產生影響。近年來日益明顯的輿論新聞化趨勢，也盡其所能地縮小或片面影響民眾的理性運用。儘管在形成政治輿論的實踐上存在著上述種種缺陷，民主仍仰賴著它，而維持其活力是政治理性的信條。

民眾理性運用的目的是確定什麼是政治上必要的。公民的協商需要全體參與者的判斷力，如果本著啟蒙的精神進行，就會增強政治判斷力。政治社群應該被理解為最全面的社群，它包含括所有其他宗教、文化、種族與其他社群，或許更貼切的形象是：凌駕於它們之上。政治社群並未廢除其他社群的從屬關係，而是將它們納入，將之置於以共同福祉為導向的實踐背景之下。特定利益的代表成為公民，他們提出論點以說明為什麼在他們看來一件事應該去做，而另一件事則不行。政治論述是規範性的，澄清實證性問題是為了達成有依據的規範性意見。僅僅表達自己的利益並不是對政治論述的貢獻，只有在相關的陳述是以理由為導向的情況下，我們才能討論民眾的理性運用。理由總是能支持一件事、一個行動、一個信念，甚至一種情感態度。因此，理由是規範性的。

在政治方面，行動的面向是極為不同的。它的範圍從公職人員的任命，到對付侵略勢力的外交決策，再到實施可能需耗時數十載的計畫。所有的政治決策，以及引導這些決策的判斷和評估，基本上都會受到民眾的批評，也會受到民眾運用理性的檢視。祕密協議、封閉的內閣政治、國家權威獨斷而無論點的決策都不符合民主秩序。政治人物必須正視他們的責任，他們不能逃避民眾的理性運用。

這就是協商民主的基本思想。它通常與哈伯瑪斯的對話倫理學相關，從更廣泛的意義上看，它也可以與美國第三代和第四代的法蘭克福學派以及批判理論相連結；[1] 然而，它也可以體現在亞里斯多德人類學與美國實用主義傳統[2]

1 塞拉·本哈比（Seyla Benhabib）與尤蒂斯·巴特勒（Judith Butler）、南西·弗雷澤（Nancy Fraser）及德魯契拉·康奈爾（Drucilla Cornell）合著的《女性主義爭論》（*Feminist Contentions:* A Philosophical Exchange）以及南西·弗雷澤與阿克塞爾·霍耐特（Axel Honneth）合著的《再分配，還是承認？：一場政治哲學對話》（*Umverteilung oder Anerkennung? Eine politisch-philosophische Kontroverse*）兩書影響尤深。

2 參見 Henry S. Richardson: *Articulating the Moral Community. Toward a Constructive Ethical Pragmatism.* Oxford/

的倫理學[3]的框架內，或是在實踐理性的現實理論及融貫理論[4]的框架內。不過，哈伯瑪斯的反現實普世主義與德沃金（Dworkin）、內格爾（Nagel）或尼達諾姆林對規範和價值的現實理解之間的哲學差異，並不是我們這裡的重點。[5]民主的規範性實質是否可在論述倫理學的意義上從成功溝通的規則中導出，或是這些規則是否在新亞里斯多德主義的意義上具有實踐融貫性並符合人性，對我們的論點而言，也不是關鍵；無論它是源自於實現共同「善」的工具性行動的實用主義（杜威〔Deway〕），還是源自於對客觀「善」的理由的道義論理解，也並不重要。我們也可以將羅爾斯的正義論（該理論強調民眾的理性運用）以及由此發展而來的建構主義（柯斯嘉德〔Korsgaard〕和歐尼爾

New York: Oxford University Press 2018.

3 參見John Dewey: *Democracy and Education. An Introduction to the Philosophy of Education.* London: Macmillan 1916.

4 參見Julian Nida-Rümelin: *Eine Theorie praktischer Vernunft.* Berlin: De Gruyter 2020; ders.: *Demokratie und Wahrheit.* Baden-Baden: Nomos 2006.

5 參見Thomas Nagel: *The Possibility of Altruisms.* Oxford: Oxford Clarendon Press 1970; Ronald Dworkin: *Taking Rights Seriously.* Cambridge: Harvard University Press 1977；Julian Nida-Rümelin: *Unaufgeregter Realismus.* Paderborn: Mentis 1018.

〔O'Neill〕）[6]，作為協商性民主理解的第五種選擇。[7]

協商性民主理解的反對者眾多。在德國，至今最知名的可能仍非卡爾·施密特莫屬，他以敵友關係來定義政治，其立場本身歸類為政治神學，並對右翼持有開放態度，正如卡爾·施密特在納粹時代的角色所表明的那樣。不過，他在尚塔爾·墨菲等左翼政治理論者與激進分子[8]及其政治行動主義分支，甚至恐怖主義（紅軍旅〔Rote Brigaden, RAF〕）中也很受歡迎。這些貌似不同的「施密特主義者」有一共同點，就是他們對努力促成理解的政治實踐的批判。理解的前提是至少彼此認同對話者，我不與我憎恨的人或我以暴力對抗的人對話。反對民主的人所拒絕的，正是民主中以對話為基礎的政治溝通理解。如果

---

6 參見Christine Korsgaard：*The Sources of Normativity.* Cambridge: Cambridge University Press 1996；dies.: *Creating the Kingdom.* Cambridge：Cambridge University Press 1996；Onora O'Neill: *Bounds of Justice.* Cambridge: Cambridge University Press 2000.

7 新任美國駐德國大使艾美·古特曼（Amy Gutmann）是一位政治學者，她也在多本著作中贊同明確的協商性民主理解，她的觀點與已故羅爾斯的政治自由主義十分接近。

8 參見Antonio Negri, ein italienischer Politikwissenschaftler und bedeutender Vertreter der neomarxistischen Strömung des Operaismus und sein Werk *Über das Kapital hinaus.* Berlin: Karl Dietz 2019.

有民主的話，那也只是作為解決敵對性或競爭性衝突的制度框架。而如果這些衝突源自馬克思主義所指的社會階級之間無法調解的利益衝突時，它們就是敵對性的；如果這些衝突至少接受某些民主的文明規則，但以言論霸權和政治上實現自身利益，而非以和解、理解與合作為目標時，它們就是競爭性的。

在這種對政治論述的對話式理解和爭論式理解的對比中，更深層的問題在於被沉默、取消不受歡迎的觀點、壓制異議、格式化政治論述的做法。我們是以敵人的身分進入民眾理性空間，目的是摧毀對方，或起碼讓他閉嘴？還是我們準備好，本著可錯論（fallibilism）的精神，讓自己的立場接受反對意見的批評，並在必要時修正它？我們是將對方當做敵人還是民主的公民？我們是以平等的身分見面，還是在誰擁有權力和手段，誰就能讓對方沉默的支配關係下見面？或者，換句話說，我們是否堅持啟蒙計畫，透過對話、透過民眾的理性運用、透過互相承認為平等、自由且有理性能力的人來增強判斷力？關於取消文化的現象是否存在？如果存在，取消文化在什麼條件下是合理的，哪些立場被壓制、哪些立場仍然允許？還有這一切與左派和右派有什麼關係？這些表面唇槍舌戰的背後隱藏著對啟蒙精神的侵蝕，而我的目的是維護民主作為啟蒙計畫的地位，對抗它的侵蝕傾向，並為它的復興奠定基礎。

政治判斷力的經濟學批判

對施密特主義者而言，權力與支配地位的鬥爭及由此產生的敵友關係是政治的構成要素，而經濟學家則堅信，政治事件的實際推手是（經濟）利益。經濟學家認為，他們看穿了政治實踐與政治溝通的表象，並從為實現最佳化各自利益的行動者身上辨別出這一形式的驅動力。政治經濟理論從中發展出一套分析工具，進而產生了相當有趣的結果。根據這個理論，政治行動者及參與投票的公民都試圖徹底實現自己的（經濟）利益：國會議員盡量爭取最長的任期，官員盡量爭取最多的黨內投票和選舉結果，選民盡量爭取減稅及增加國家補助等等。這種政策解釋方法在兩個基本問題上糾結：利益概念的不精確性和實證研究結果的矛盾性。政黨人員的利益究竟為何？是為了在黨內謀取一席之地，還是為了讓政黨獲得最多的選票？如果人是為了追求自己的利益，為什麼還要從政？幾乎沒有其他地方有如此長的工時，有如此多的挫折和衝突原因，而報酬卻相對較低。為什麼義大利左翼民主黨的選舉結果在平均收入高的地區表現良好，在生活品質低的地區卻表現欠佳？為什麼川普會被美國鐵鏽帶的許多工人選為總統，但上任後卻對富人實施大規模減稅政策，而沒有努力改善窮人的困境？這樣的例子可以無限列舉。

詹姆斯．布坎南（James Buchanan）[9]是經濟政治理論的一大代表，他用以下例子說明民主國家擴大了福利國家的傾向，以及一般情況下國家活動超出所有合理限度的趨勢：

假設一批貨物的經濟價值是八十單位，但生產它們卻需要消耗更多，也就是九十單位。因此，生產這批貨物是不合理的。然而，如果將人口分為三部分，其中兩部分的人能從這批貨物上得利，但其成本則由所有三部分的人平均

9 參見James Buchanan: *The Limits of Liberty: Between Anarchy and Leviathan.* Chicago: Chicago University Press 1975.

分擔，那麼如果全體人民完全基於經濟利益，佔人口三分之二的多數人就會贊成供給這批貨物，因為這三分之二的人口透過這批貨物的供給獲得了經濟利益，他們為此付出了三十單位的成本，卻獲得了四十單位的收益。布坎南顯然沒有想到這個論點也能反向操作，也就是說如果人人只以自己的經濟利益為考量，那麼貨物的成本分配會導致它們無法生產，儘管這麼做是合理的。如果每個人都能從某批貨物中平等獲利，而該批貨物的收益比成本高出百分之三十，但該批貨物的資金卻由百分之六十的人平均分擔，那麼根據這種經濟計算，這百分之六十的多數人就會反對生產這批貨物。由於以稅收和徵費所承擔的成本和貨物使用並不是平均分配，因此兩種現象都可能發生；一種會導致國家活動擴張而超出經濟上的合理範圍，另一種則會使國家活動減少而低於經濟上的合理範圍。

可是，這是否就是政治實踐和民意形成的精準寫照？即使人們知道集體利益的成本高於收益，他們是否仍贊成供給集體利益？可以肯定的是，這與協商民主的實踐不相容。協商的概念是權衡正反兩面的論點，政治大眾和專業政治仍源於民眾對於啟蒙的理性運用，並允許自己受到較佳論述的影響。這表示他們不會供給成本高於收益、無效率的集體利益。

經濟學家現在喜歡採取揭密的觀點：根據他們的觀點，政治事件的真正驅動力是經濟利益，即使所提出的理由無法被人一眼看穿。因此，在這種情況下，意見形成就會受到扭曲的事實所影響，也就是掩蓋了這批貨物的成本高於收益的論點。行動者甚至不需要意識到這種隱瞞，當他們提出理由而不是只指出自己的利益時，卻已在不知不覺間成為經濟利益的代理人。

經濟學對政治的理解往往伴隨著自由主義的政治觀，也就是認為國家活動過度，應該減少；大部分福利國家的支出是無效率的；市場是最好的互動工具，可以免除道德教化和國家約束。有趣的是，相同的論點也盛行於自由經濟主義的對立面：馬克思主義者也認為，在民眾溝通中所鼓吹和證明的只是經濟利益的表達，不是一己私利，而是所屬階級的經濟利益。

意識型態的上層結構掩蓋了這些關係，因此受世界觀影響的論點決定了政治溝通；它們與實際利益頂多只有間接關係，而只有實際利益在馬克思主義的階級分析中才會顯現。在自由主義和馬克思主義這兩種經濟思維的選項中，政治判斷力終究是一種幻覺：公民是經濟利益的代理人，無論察覺與否，他們為自己的政治信念所提出的理由，目的在於說服別人自己是對的，通常掩蓋了政治是由利益所決定的事實。民主不是啟蒙計畫，協商僅與政治事件的表面具有相關性，民眾的理性運用——以及將民主理解為啟蒙計畫的觀點——是無法維持的。民主沒有真理，只有利益。政治判斷力對此而言，無關緊要。毫無疑問地，利益扭曲了政治判斷，人們傾向於（儘管程度差異甚大）支持計畫，並相信符合自己利益的世界觀主張是真的。這可能會導致嚴重的認知失調，也就是當人們的智慧足以認知到某個主張是假的，但又因為利益而希望該主張是真實的，這便阻礙了認知。他們會認為某些事實是正確的，而這些事實支持該主張，他們卻同時又拒絕接受該主張的正確性。一直以來，人們對啟蒙計畫的反感，也就是抗拒對理性運用與參與的信任，可能主要出於這個原因。啟蒙摧毀了那些禁不起批判性審查的「寶貴」確定性。幾個世紀以來，男性一直堅信自己是天生的統治者是因為女性智力較低，而他們拒絕接受智力研究的結果，因為研究結果顯示男性和女性的智力在統計學上沒有明顯差異。同樣地，一些女權主義者堅信兩性完全平等，認為所有差異只是社會建構出來的，她們拒絕承認兩性之間存在著基因差異，而這些差異不僅體現在生理層面，還涉及心理層面。

無論如何，利益驅使的表達幾乎無法可靠地幫助澄清真正的事實，不僅會導致對自己動機的扭曲，也難以與釐清經驗性和規範性問題的努力相容。這造成了啟蒙計畫將在個人或集體利益最佳化的壓力下崩解。

政治判斷力的多元文化批判

對民眾理性運用的觀念以及對民主做為啟蒙計畫的理解也有同樣激進的批評，它是基於這樣的論點：不同文化認同之間，最終不可能有理性的理解。目前被廣泛討論的一種變體在英語中被稱為「立場主義」（positionalism）。根據這個觀點，如果你不屬於同一文化群體，也不共享構成該文化認同的價值觀與規範，就不可能達成對規範與價值觀，甚至利益的理解。事實上，不可否認的是人們所重視的事物確實是由文化所塑造的，而且在世界各地的文化區域之間——包括在不同的宗教社群和生活方式之間（例如鄉村和城市）——都存在著顯著差異，這確實經常無法就與之相關的不同價值觀進行理性的交流。究其原因，可能是因為這些價值觀是基於宗教教條、意識形態定義或公認的權威所預設的，因此不在理性討論的範圍內，又或是出於生活形式受極其特別的價值觀和規範影響，那些人們往往無法明確地表達這些價值觀和規範，事實上他們甚至可能不知道這些價值觀和規範是什麼。

因此，我們可以說各自奉行的生活形式具有不證自明的性質，對於奉行這種生活方式的人而言，它就像一個容器，生活在其中的同時也伴隨著合作與衝突的產生。尤其在現代，傳統文化也面臨著改變的壓力，各種由文化決定的生活形式的規範秩序有了變化，但這通常是在不刻意控制的情況下發生的，改變是悄然漸進的，因此受影響的人渾然不覺。僅僅在數十年前，女性開車在沙烏地阿拉伯還前所未聞，從傳統觀念者的角度來看，女性開車似乎危害了性別的自然秩序，直到一位王儲整合了表面上的自由化與強化行使獨裁權力，這種情況才得以改變。

自由普世主義者以截然不同的方式來應對這項挑戰。自由主義者的傳統反應是信任，他們相信隨著經濟條件的變化、隨著受資本主義影響的市場經濟，傳統會適應新的經濟形勢，而民主會成為經濟活力和社會自由化的合適政府形式，因此問題會在現代化動力下迎刃而解。

事實上，在一九五〇年代和一九六〇年代的一段時期，這種期待似乎有望實現。例如當時阿拉伯大都市的照片顯示了日益西化的公開形象風格。英語逐漸成為**世界語言**（*Lingua Franca*），多數盎格魯—薩克遜及西歐企業在國際市場上佔有主導地位，這些似乎引發了一股強大的動力。然而，這股動力只是緩慢地從社會經濟富裕階級滲透到中下層和下層階級，在農村地區往往毫無機會。西方普遍存在的這種期待，在世界大多數地區隨後的文化發展中被證明是一種幻想。原本消失的事物變得激進，部分原因是西方國家在地緣政治策略犯下的錯誤。[10]

與西方結盟的政權會受到宗教基本教義派和聖戰勢力的挑戰，例如波斯國王，這在一九七九年引發了伊朗革命。儘管伊朗原本採取廣泛的結盟政策，但最終卻建立了一個基本教義的神權政體，至今依然承受著西方的制裁與壓力。總之，不僅是技術與經濟，也包括文化的現代化，全面現代化的期望全盤落空。伊拉克的海珊、利比亞的格達費和埃及的穆巴拉克等獨裁者之所以被推翻，是因為年輕世代對都市環境的不滿，而他們大多得到西方國家的支持，但這些國家很快就發現自己面臨強大的伊斯蘭勢力，這些勢力擁有大多數農村人口，也透過移民到城市來紮根並阻擋了通往自由民主的道路。即使在九一一之後，美國入侵阿富汗，經過二十年的佔領及國家重建依然無法阻擋塔利班重新

10 美國在阿富汗扶植所謂的「聖戰士」來對抗俄羅斯的佔領者，因而為後來的死對頭蓋達組織建立了核心基礎，無意間為九一一埋下伏筆。基於地緣戰略因素，中東和北非地區對社會主義政權的反對也是可以理解的，而對尋求與西方合作的穆罕默德·納吉布拉（Mohammed Najibullah）親蘇政權的拒絕也發揮了作用。武裝「敵人的敵人」這個據稱很聰明的策略，幾乎導致全世界伊斯蘭教主導的地區的聖戰主義高張。

掌權，並重新建立一個全面壓迫婦女的仿中世紀蘇丹國。受歷史主義與黑格爾意識形態影響的觀點認為，現代化基本上是一種自我運行的過程，雖然不時需要外來的推力，但始終無法抵擋，而如今這種說法被推翻了。即使在西方的自由民主國家，過時的政治模式也以右翼民粹主義和民族主義的形式回歸。福音派——即基督教基本教義勢力——在美國和巴西的影響力日益擴大，保守派的最高法院在幾十年之後廢除墮胎權；歐洲整合（europäische Integration）受到民族主義的威脅，在部分地區情勢甚至被逆轉，例如英國；匈牙利和波蘭等新興民主國家正傷害著新聞自由、法治與政治意見的多元性，而在現代民主的發源國之一的民選總統正試圖以武力阻撓自己被民主罷免。

法蘭西斯．福山（Francis Fukuyama）認為蘇聯的終結將意味著歷史的終結，正如黑格爾對普魯士理想國的假設一樣，縱然有名人背書，結果卻證明這是西方勝利主義時代最大的錯誤。歷史還在繼續發展，但與預期不同。經過幾十年的冷戰和兩個超級強權之間的核戰略均勢，勝利者最多還有二十年的時間來品嚐勝利的果實。他們以所謂的人道干預主義的形式慶祝勝利，試圖將原本用來遏制蘇聯擴張野心的西方防禦聯盟重新定義為世界警察，並將西方的民主和市場經濟規則做為新世界秩序的基礎。一九九〇年，所謂的華盛頓共識（Washington Consensus）主張全球範圍內的國家機構削減、國家企業私有化和財政緊縮政策，導致一場失控的全球賭場資本主義（Casino-Kapitalismus），而它分兩幕崩解，先是新經濟危機，接著是全球金融危機，最終演變成全球經濟危機，並伴隨著一場國債危機，尤以南歐為最。

這場西方勝利主義的盛宴最遲在二〇一〇年就結束了，儘管大致上來說是不知不覺地發生的。最重要的西方參與者相信，他們可以延續過去的做法。美國的戰略專家們想藉此機會一勞永逸地擺脫宿敵俄羅斯，直接或間接地剷除俄羅斯在中東的最後盟友，並提議讓與俄羅斯接壤的國家加入北約，卻沒有考慮到門羅主義依舊適用於美國，而根據該主義在北美、南美或西歐是不容許以基地、駐軍或軍事聯盟形式的軍事存在。一九六二年，美國以軍事干預，威脅阻止蘇聯與古巴的軍事合作，以及他們在古巴部署蘇聯導彈的意圖（美國承諾之後會從土耳其撤出導彈，雖然是事後才公開）。即使是今天的美國也不會容許俄羅斯在加拿大或墨西哥部署導彈系統，而假如加拿大加入一個由俄羅斯領導的虛構北極軍事聯盟，今天也可能會遭到美國嚴厲的、甚至是軍事手段阻撓。

儘管存在著這些不對等的情況，西方的主導地位被削弱已是不爭的事實。在經濟方面，中國已成為第二個超級大國，國內生產總值已經逼近美國，並即將超越美國。這個在歷史上大多以軍事防禦為主、以「中央之國」之姿自給自足的國家正在大規模地武裝自己，並利用其經濟機會在全世界建立依附關係，尤其在亞洲（絲路）和非洲。西方全球自由貿易模式以美國全球性的軍事存在作為後盾，[11]其文化與社會現代化結合了單一的消費文化與美國電影、音樂作品佔有主導地位，卻遭遇到了阻礙，而這種阻力不僅限於穆斯林地區的文化慣性推力。就連阿拉伯半島的新興富裕國家過度採用的美式消費主義，也無法帶

11　根據美國自己的數據，二〇〇八年，美國在海外持有七百六十一個軍事設施，包括所有武裝部隊（陸軍、空軍、海軍、海軍陸戰隊。這佔總數五千四百二十九個軍事設施的百分之十四。然而，美國隨時可動用的基地總數更多，因為有些基地只有同意使用權，但目前沒有美軍駐紮，還有一些軍事基地，例如在伊拉克，不包括在這些統計數據中。二〇〇四年，專家估計美國隨時可動用的基地總數約為一千個。（資料來源：維基百科；國防部：二〇〇八會計年度基地結構報告）

來西方所認為的社會現代化。當今世界距離達成全球共同的基本規範理解比二戰以來的任何時候都更遠，在全球蔓延的單一消費文化表象具有欺瞞性。此外，烏克蘭戰爭正造成去全球化的趨勢，最壞的情況可能導致全球經濟分裂為互通貿易的民主國家與互通貿易的非民主國家，而後者佔世界人口的大多數。如此一來，全球社會現代化的進程與在既有人權公約之外達成基本規範共識的剩餘機會將變得更加渺茫。[12]

全球缺乏理解的情形之下，影響了以移民為特色的多元文化社會的內部狀況。法國、德國、英國等國的「本土伊斯蘭恐怖主義」也反映了全球政治衝突的局勢。在伊拉克和敘利亞出現了具有攻擊性且時而成功的激進伊斯蘭國，不僅導致西方國家對潛在恐怖分子採取財務支援措施，還促使西化自由社會中聖戰勢力的自我合法化，在聖戰勢力看來這種社會是不道德、無神、缺乏立場的，而婦女和女孩在西方社會中扮演的所謂「不當角色」，顯然對激進的年輕

---

12 參見Julian Nida-Rümelin et al.: *Perspektiven nach dem Ukrainekrieg*. Freiburg/Basel/Wien: Herder 2022.

穆斯林起著核心作用。闡明嘗試和重新社會化措施的論述嘗試基本上仍然不奏效。[13]無論在全球或國內，生活形式與世界觀之間的衝突都無法透過文化與社會現代化的策略來解決。

結語：呼籲政治判斷力

民主在其本身無法保證的條件下茁壯成長。其中包括民眾的理性運用，也就是透過給予與接受理由來培養政治判斷力。公共理解的實踐必須在**憲法拱門**

13　即使在這方面已推行了若干計畫。例如「RISE」計畫，它研發了媒體教育方式，以處理青少年生活環境中伊斯蘭教的內容。該計畫為教育專業人員提供了背景資訊和視聽學習材料，用於與青少年合作的工作，並透過贊助計畫，支持年輕人實行媒體教育同儕計畫。它靈活結合了媒體教育學、政治教育和普遍性預防工作。

作為聯邦計畫「活出民主！」在伊斯蘭主義和伊斯蘭恐懼症相關的預防和教育工作領域的一部分，「iz3w」計畫從二〇一五年六月至二〇二一年年中，一直在積極展開活動，也正朝著類似的方向走。這是因為宗教在移民社會中的重要性，在處理這個議題時扮演著特殊的角色。該計畫的重點是伊斯蘭教，特別是伊斯蘭恐懼症。

的範圍內包容一切；不可誹謗、抹黑及邊緣化任何人。將他人視為與我一樣是自由平等的人，是人類尊嚴的承載者，值得個人尊重和文化認可。這不是空洞的理想，而是民主的規範基礎。德國經過了十二年的納粹獨裁統治，這個理想已被納入憲法：人的尊嚴不可侵犯。

這使得日常互動、私人與公共空間以及數位平台提供的所有中間領域，所交流的公民文化成為民主的一個基本要素。利用策略性溝通、誹謗持異議者、對不可接受的立場與人的去平台化、實行取消文化，這些在與民主的公民文化不相容；它動搖了人文主義與啟蒙運動苦心奠定的道德與文化基礎。

民主是建立在自由平等的集體自決基礎上的政府與生活形式，並以政治判斷力作為前提。然而，只有能毫無顧忌地提出與衡量正反理由時，判斷力才得以發展。一切在法律制度框架內的行為都是允許的。任何認為自己擁有較佳論點的人應該相信其有效性，而不應訴諸於非論述手段。只有對自己的理由不夠確定的人，或是只想行使權力而不想澄清事實（經驗事實和規範事實）的人，才會行使肢體或文化暴力，從而危害了民主。

取消文化：簡短的案例研究

Cancel Culture: Eine kleine Kasuistik

娜塔莉·維登菲爾特編輯

以下是幾個實踐取消文化的例子，目的在說明這種現象在不同時代和文化中的廣泛性和普遍性。根據第一章的考量，我們區分了三個級別：

一、禁止意見陳述

二、將人們排除在討論之外

三、社會性死亡或肉體死亡

在這些案例中，我們並不認同被取消的意見的立場，也不認同被排除或應該被排除在論述之外的人觀點。我們更關心的是，這些例子說明了取消的做法是如此多樣化，以及它是多麼廣泛地涵蓋文化史的各個層面。幾乎每一個例子都可以獨立成一篇論文。對其細節感興趣的人都可以在網路上找到幾乎所有案例的證據和評論。例子的選取大致上是隨意的，但皆包括以上列出的三種基本的取消形式，以及基於教會和封建利益的歷史性案例，還有基於從右到左的各種意識形態原因的當前案例。

1. 西元前一三五一年，阿肯那頓法老（Pharaoh Echnaton）登基，進行了大刀闊斧的改革。其中最大的改革是一個新宗教，在這個宗教中唯一的神是阿頓神（Aton）。阿肯那頓死後，所有關於他的緬懷文字與改革命令都被禁止，銘文被去除，廟宇遭毀壞。

2. 在西元前四世紀中葉的古代中國已有焚書的做法，此舉是商鞅變法的一部分。

3. 西元前三九八年七月二十七日，哲學家蘇格拉底為逃避雅典判處的死刑而自殺。他被指控「腐蝕年輕人的心智」和不敬神。實際上，雅典公民擺脫了一個令人不舒服的同代人，他想以自己獨立的判斷來取代習俗、傳統與權威。

4. 大約在西元前二八〇年的古希臘，伊利翁城邦有一條現存的法律規定，那些支持暴君寡頭的人，其姓名必須從所有公共和私人銘文中消失。

5. 中國的秦始皇統一中國並創建了一個文官制度的國家。為了鞏固統治，他禁止對立的哲學傳授並關閉學校，以建立統一的國教。西元前二一三年，他為此焚毀了許多哲學著作。

6. 在古羅馬，有幾種方法可以處理遭到社會和政治階級排擠的人。如果這個人死了，就會被強加**記憶抹煞**（*Dammatio Memoriae*），也就是禁止人們追憶這個人和其事蹟，例如尼祿皇帝（Nero）和卡里古拉皇帝（Caligula）就是如此。還有一種可能是所謂的**驅逐**（*relegatio*），也就是暫時的流放（通常是在羅馬帝國境內）。**放逐**（*deportatio*）則是更嚴厲的懲罰，不僅被懲罰者的財產會被沒收，他們也不得再踏入羅馬帝國的領土。

7. 在羅馬最終基督教化之前，戴克里先皇帝（Diokletian）曾在君士坦丁堡焚毀許多基督教著作。

8. 在已基督教化的羅馬，特別是從狄奧多西皇帝（Theodosius）統治時期開始就推行激進的基督教化政策，並大力打壓和摧毀非基督教的觀點。在亞歷山卓，數以千計的著作被燒毀，圖書館被破壞。史學家們認為，在四世紀至六世紀之間，超過百分之九十九的古希臘及羅馬文學著作被毀壞。

9. 在基督教化的羅馬，拜占庭皇帝查士丁尼一世（Justinian I）於五二九年下令關閉雅典學院，並強迫剩下的七位哲學家達馬希烏斯（Damaskios）、第歐根尼（Diogenes）、赫爾米亞斯（Hermeias）、歐拉里奧斯（Eulalios）、伊西多爾（Isidore）、普里西安（Priscianus）和辛普利修斯（Simplicius）移居波斯國王霍斯勞一世（Chosrau I）的宮廷，目的就是要消滅古典哲學。

10. 五四六年，非基督徒的文法學家、修辭學家、醫生和法學家被禁止教學。古典的學校體制被教會學校所取代，這也是五世紀的作家狄奧多勒（Theodoret）感到欣喜的理由：「真的，他們的廟宇被徹底摧毀，他們甚至無法想像它們以前的地點，而建築材料現在專用在殉道者的聖殿上……看哪，現在是紀念彼得、保羅和多馬的民眾活動，而不再是慶祝潘狄奧斯（Pandios）、狄亞索斯（Diasos）和戴歐尼修斯（Dionysios）的節日以及你們其他的節日！

我們現在不再擁戴淫穢的習俗，而是唱貞潔的讚美詩。」[1]

11. 特別是從一二〇〇年開始，被認定為「異端書籍」（包括偏離教義的神學著作、猶太書籍、魔法書籍）在異端裁判所的判決之下，公開宣判並執行焚毀儀式（autodafé）。[2]

12. 中世紀以後，審查制度也是由世俗權力所組織的。一四八五年，法蘭克福曾有一個能禁止書籍出版的帝國審查委員會。

13. 從十五世紀開始，人們以巫術之名對特定群體進行迫害，特別是那些不同觀點和生活形式相異的女性。一五五〇年至一六五〇年是獵巫高峰期；大約有三百萬婦女被指控為女巫，其中可能超過五萬人被處決。在德國，最後一次處決女巫是在一七七五年的肯普滕（Kempten）。

---

1 參見https://hpd.de/node/7530/seite/0/1（網址最後訪問於二〇二三年二月五號）

2 Gereon Becht-Jördens: »Die verlorene Handschrift. Zum Motiv von Zerstörung, Verlust und Wiederauffindung als Strategie der Traditionssicherung in der lateinischen Literatur des Mittelalters« in：Carina Kühne-Wespi, Klaus Peter Oschema, Joachim Friedrich Quack (Hg.)：*Zerstörungen von Geschriebenem*. Berlin：De Gruyter 2019, S. 393-435.

14. 十六世紀中葉，天主教會推出了《禁書目錄》（*Index Librorum Prohibitorum*），列出梵諦岡視為「異端」的書籍並加以禁止。直到一九六六／七年，這本目錄才終於被廢除。

15. 即使在十八世紀歐洲的開明專制主義下，審查制度愈來沒有影響力（奧匈帝國皇帝約瑟夫二世曾明確表示每一本禁書在維也納都能取得）[3]，它依然阻礙了許多書籍的出版，例如康德於一七九二年交給《柏林月刊》的論文《單純理性限度內的宗教》（*Die Religion in den Grenzen der bloßen Vernunft*）。

16. 一八一四年十一月一日，從反抗拿破崙統治的解放戰爭中歸來的學生志願軍在薩爾河畔的哈勒成立了第一個學生會。一八一五年六月十二日，該組織聯合其他團體，成立了「學生同盟」（Urburschenschaft），並將「堅定地重建我們人民的榮譽與榮光」和「保護他們不受奴役」作為其「神聖的職責」。兩年之後，在瓦特堡數以百計的書籍和富含象徵意味的物品被燒毀，它們被解讀

3 參見 Grete Klingenstein：*Staatsverwaltung und kirchliche Autorität im 18. Jahrhundert*. Wien：Verlag für Geschichte und Politik 1970.

為美化封建制度或「不德國」。其中包括《法國民法典》（*Code civil*）和科策布（Kotzebue）的作品。

17. 國家社會主義學生聯盟（NSDStB）早在一九二六年就在德國成立，負責反對不受歡迎的大學教師的運動，抵制或阻撓這些教師的課程。甚至在納粹奪取政權之前，該聯盟就已在大多數的德國大學內設立學生自治委員會（AStA）。

18. 納粹在一九三三年奪取政權之後，大學生走上柏林街頭，要求對「非德國精神」進行審查，圖書館被洗劫一空，並在帝國國民教育與宣傳部部長約瑟夫．戈培爾（Joseph Goebbels）的監督下，在歌劇院廣場上進行焚書。《編輯法》（Schriftleitergesetz）確保批評政權的記者無法再發表意見。

19. 在納粹掌權初期，當時世界上最重要的學院之一的普魯士科學院，雖然最初在人事上幾乎沒有變動，但卻排擠猶太科學家，其中包括舉世聞名的愛因斯坦。這不僅導致猶太科學家由於反猶太因素而被邊緣化，在大多數情況下也壓制了科學界不受歡迎的立場。「德國物理學」因此而成立，自彼時起，科學家就被禁止從事「腐化性」的理論研究。

20. 正如藝術專家大衛・金（David King）的研究所顯示，[4] 史達林曾將他的兩位政敵從一九二〇年五月五日攝於莫斯科劇院前的照片中刪除，這張照片中原本在列寧旁邊的還有托洛斯基（Trotsky）和加米涅夫（Kamenev）。史達林在統治期間大肆擴張了這一行為，並將其系統化為一種偽造歷史的手段。

21. 一九三〇年代後期，眾議院非美活動調查委員會（HUAC）是美國眾議院的一個委員會，成立的目的是監視那些涉嫌同情國家社會主義、也就是之後的共產主義的美國公民，並將這些人列入黑名單。目標尤其聚焦在知識分子與電影製片人身上，他們經常失去工作和聲譽。當時的好萊塢有三千多人遭受暫時性抵制，他們的電影也不許上映，包括查理・卓別林等人在內。該調查委員會要求美國人公開表達忠誠，並呼籲他們舉發可疑的友人和同事。任何拒絕提供有關其政治傾向資訊的人，例如編劇達頓・川波（Dalton Trumbo），就會

---

4 參見David King：*The Commissar Vanishes. The Falsification of Photographs and Art in Stalin's Russia.* New York：Metropolitan 1997.

被判入獄。這段時間通稱為「麥卡錫時期」。不過，參議員約瑟夫．麥卡錫（Joseph McCarthy）從未領導這個調查委員會。雖然如此，在一九五〇年代，他是將那些據稱同情共產主義的知識分子從社會和職業生活中剔除的推手。

22. 希爾德加特．克內夫（Hildegard Knef）在一九五一年的電影《罪人》（*Die Sünderin*）中飾演一名妓女，她在片中愛上一名生病的畫家。教會組織了兒童和民眾抗議這部電影，並試圖將其禁止放映。在這些抗議活動中，人們使用暴力攻擊電車和汽車。儘管聯邦行政法院撤銷了部分禁令，但針對電影和女主角的爭議嚴重損害了她的名聲和社會地位。正如希爾德加特．克內夫在二〇〇〇年接受《南德意志報》（*Süddentschen Zeitung*）採訪時所描述的，人們三番兩次大動作地離開餐廳，以免因她的出現而影響心情。

23. 一九五六年，麥卡錫時期的最後階段，心理學家兼性研究者威廉．賴希（Wilhelm Reich）被判刑入獄，他的書也被燒毀。賴希因心臟衰竭死於獄中。

24. 一九六一年，巴黎發生一場未經許可、反對阿爾及利亞戰爭的和平示威。示威被警察鎮壓，造成數百人死亡。負責的警察局長帕彭（Papon）從未因這些行為而被定罪。他在事後說：「警察做了該做的事。」[5]直到二〇一二年，法國總統奧蘭德（Hollande）才承認確實有這場大屠殺並予以譴責。馬克宏（Macron）總統也在一場追悼會上悼念遇害者。

25. 在中國，共產黨領袖毛澤東在一九六六年發動文化大革命。十年之間，紅衛兵摧毀了圖書館、博物館、宮殿、寺院、雕像及其他紀錄革命之前的中國文化的文物。其目的與早期基督教毀滅異教文化證據的目的類似：要將過去不同的生活形式和信念從集體記憶中抹去。有好幾年的時間，大多數的出版社、報紙和雜誌都停止運作。取而代之的是毛主席的著作，也就是印刷了數百萬冊的《毛語錄》的廣為流傳；無數的擴音器裡喊出文化大革命的口號。數千名知識分子在革命過程中被綁架、折磨和殺害。西藏的寺院和圖書館也在文化大革命中被摧殘。西藏研究者大衛・凱（David Kay）報導，中國政府持續不斷

5 參見https://www.lefigaro.fr/histoire/2016/10/17/26001-20161017ARTFIG00178-17-octobre-1961-les-5-chiffre-sincroyables-de-la-manifestation-du-fln-a-paris.php（網址最後訪問於二〇二三年二月五號）

地改寫西藏歷史並「創造新的記憶」。[6]

26. 在柬埔寨，在紅色高棉統治時期（一九七五至七九年），大學和中小學被關閉，公共圖書館被摧毀。最重要的是，前法國殖民統治者的文學被剷除，而本土作家的作品如果未奉行政黨的路線也會被禁。對平民和異議人士的謀殺奪走了數百萬人的生命。

27. 中國共產黨主席毛澤東發起的文化大革命，在西方獲得來自各種教條主義分裂政黨的激進知識分子和好戰共產黨人的高度同情。這些前共產主義者在綠黨的創立過程中扮演了重要角色，如今他們也成了好戰宣傳的一部分（舊共產主義、反蘇聯的激進主義現在正成為新的跨大西洋、反俄羅斯的激進主義）。嚴格的取消文化不僅在這些運動獲得政治認可的國家（中國、柬埔寨、阿爾巴尼亞）中司空見慣，在德國與其他西方民主國家的共產主義組織內部也

6 參見 https://info-buddhismus.de/Wann-wurden-die-Kloester-in-Tibet-zerstoert.html（網址最後訪問於二〇二三年二月五號）

同樣如此。[7]

28. 一九六四年夏天，許多來自柏克萊的大學生幫助南方各州的非裔美國人登記投票。當這些學生在冬季學期返回大學時，校方禁止他們在校園內設立資訊站及招募學生參加進一步的抗議活動，而學生們拒絕了。警察被召來進行逮捕，但這些行動被封鎖行動所阻攔。這就是所謂的言論自由運動的開端，學生們為自由的政治活動而奮鬥。如今，風向正在轉變，但問題依然存在：針對所謂的左翼自由主義主流或某些覺醒立場的不受歡迎言論（尤其在美國），受到某些大學校方的壓制。然而，新的言論自由運動尚未在學生之間發展起來。

29. 一九七〇年代，智利獨裁者皮諾契特（Pinochet）是推翻薩爾瓦多·阿葉德（Salvador Allende）的軍事政變的關鍵人物。他利用黑名單有系統地迫害對其政權的批評者。數千人在監獄和集中營中受酷刑並被殺害。

30. 一九八二年九月二十三日，慕尼黑行政法院禁止了一個以「我們控

---

7 參見Andreas Kühn: *Stalins Enkel, Maos Söhne. Die Lebenswelt der K-Gruppen in der Bundesrepublik*. Frankfurt am Main :Campus 2005.

訴」為口號的集會，該集會是在啤酒節襲擊事件兩周年之際舉行的，理由是對時任州長的弗朗茨．約瑟夫．施特勞斯（Franz Josef Strauß）的批評和「誹謗」是在意料之中的。在法院發布了第二次禁令之後，集會終於在一個多月之後獲得批准。

31. 在美國，J．K．羅琳（J. K. Rowling）的青少年小說《哈利波特》（*Harry Potter*）出版之後，基督教基本教義者從一九九〇年代後期起一再要求將這些書列為禁書，因為書中出現巫師和魔法師。二〇〇一年，豐收神召會牧師喬治．本德（George Bender）在賓州組織了一次公開焚書活動，引發特別關注。

32. 在中國，有一種做法叫做「肉搜」，也就是在網路上對犯下某些特定道德罪行或未被司法機關起訴的罪刑的同胞進行抹黑。這些行為從個人中傷到死亡威脅，還包括公開詳細的居住和工作地點。二〇〇八年，中國的民族主義者在網路上攻擊那些他們眼中民族主義不夠強烈的人，將其視為「人民公敵」，這種做法才更為人所知。

33. 二〇一二年，前巴伐利亞內政部長根特・貝克斯坦（Günther Beckstein）參加了布萊梅大學舉辦的「庇護和移民妥協二十年—平衡與展望」系列講座的一場討論活動。不贊同貝克斯坦庇護政策的難民活動人士和布萊梅大學生大聲地阻撓該活動，最後活動被迫中斷。不論政治人物在庇護政策上犯了什麼政治錯誤，這都是一種不合法的取消文化。無論如何，他自己也承認了錯誤。[8]

34. 歷史學家約克・巴伯羅夫斯基在二〇一四年提出希特勒不能被視為殘酷的論點之後，遭到猛烈抨擊。他在學術雜誌《研究與教學》中對此提出說明：「我拿希特勒和史達林做比較。史達林是一個心理變態，而希特勒不是；史達林喜歡暴力，希特勒則不然。希特勒知道自己在做什麼。他是一個『辦公桌前的罪犯』（Schreibtischtäter），他不想知道他的行為所帶來的血腥後果。這並不表示他的行為在道德上比較好，反而更糟。沒有人會真的誤解這一點。」

8　參見https ://www.merkur.de/politik/jahre-asylkompromissbeckstein-raeumt-fehler-zr-2653148.html（網址最後訪問於二〇二三年二月五號）

巴伯羅夫斯基在傳單上被辱罵為種族主義者，還收到死亡威脅。

35. 二〇一五年，法國諷刺雜誌《查理周刊》（*Charlie Hebdo*）刊登了一幅穆罕默德的漫畫。對於如此描繪先知，許多虔誠的穆斯林覺得在宗教情感上大受傷害。兩名薩拉菲派兄弟在巴黎受一位傳教士的激進思想影響，隨後衝入雜誌的編輯室殺害了十二名周刊員工，並造成另外二十人受傷。行凶者相信自己必須復仇，並認為自己為了信仰而殺人是正當的。

36. 二〇一六年，奧格斯堡大學取消了對埃及裔德國作家哈米德・阿卜杜勒—薩馬德（Hamed Abdel-Samad）的邀請，理由是他已經應德國另類選擇黨的邀請發表過演講；接觸罪在此起了作用。阿卜杜勒—薩馬德為自己辯護，駁斥政治右翼的指控，強調自己一直尖銳批評另類選擇黨的立場，而且更傾向於人道主義和啟蒙傳統。

37. 近年來，劇場與歌劇院面臨愈來愈多來自右翼政治圈的壓力。施壓的形式包括仇恨郵件、議會質詢，有時也透過刑事指控。二〇一六年在波茨坦，另類選擇黨試圖禁止一部戲劇的演出，理由是該劇「讚揚了違法行為」。同年在德劭，舞蹈劇《如此親近的陌生》（*Dem Fremden so nah*）也遭另類選擇黨汙衊為「操控的戲劇計畫」，認為該劇旨在「對青少年弭平本土和外來者之間的差異」，正如另類選擇黨（現在是無黨籍）州議會議員戈特弗里德・巴克豪斯（Gottfried Backhaus）所言。

38. 二〇一八年，錫根大學禁止迪特・蕭納克（Dieter Schönecker）教授使用預算資金來邀請蒂洛・薩拉辛（Thilo Sarrazin）和另類選擇黨的馬克・永恩（Marc Jongen）參加一個有關輿論自由的討論活動。儘管長期與他共事的同事保證，蕭納克「與右翼民粹和民族主義思想的世界相去甚遠」，而且「當然不會給這類立場提供宣傳舞台」，但演講仍需在警方保護下進行。期間出現了干擾、誹謗以及對蕭納克的死亡威脅。

39. 二〇一九年，梅克爾內閣的前內政部長湯瑪斯・德・梅齊埃爾（Thomas de Maizière）在哥廷根文學之秋活動中的一場演講遭受示威者阻止。示威者抗議的理由是德・梅齊埃爾在二〇一五／一六年難民危機期間參予歐盟與土耳其的協議，並指責他對土耳其及其在敘利亞北部的戰略利益問題上採取極度容忍的態度。

40. 黑森邦卡塞爾區首長瓦爾特・呂貝克（Walter Lübcke）在二〇一九年被一名極右翼分子謀殺。凶手宣稱，他的動機是他對呂貝克四年之前就難民危機所發表的聲明感到憤怒，當時呂貝克對一名現場插話者回應：「我們要捍衛價值觀，任何不支持這些價值觀的人，如果他不贊同的話可以隨時離開這個國家。這是每個德國人的自由。」極右翼分子先前就已在網路上號召殺害呂貝克。

41. 二〇二〇年，法國一名教師被一名伊斯蘭殺手斬首。行凶者的動機是這名教師在課堂上展示了一張先知的漫畫。

42. 史丹福大學著名的流行病學家約翰・約安尼迪斯（John Ioannidis）批評道，新冠病毒全球大流行沒有足夠可靠的統計資料，而且數據往往是不正確的。此言一出，他在德國立刻受到嚴厲誹謗。《法蘭克福匯報》形容他是一個以「權力遊戲」挑釁的「淡化者」。巴伐利亞廣播電台的「事實狐狸」[9]

9 譯註：一個事實核實平台。

（Faktenfuchs）則批評他的流行病學論點，因為它們「在那些貶低新冠病毒者的圈子裡很容易產生共鳴」。[10]這種新聞界對某種觀點的處理方式並非基於對他有大量統計數據支持的流行病學論點的批評，而是試圖在缺乏科學論點的情況下，抹黑一個不受歡迎的科學論點。

43. 二〇二一年，社民黨原本希望將「少數族群的傷痛」的主題作為定期活動的一部分，並同時邀請了《法蘭克福匯報》副刊主編珊卓拉·科格（Sandra Kegel），有人卻試圖阻止她的出席。社民黨基本價值委員會主席格西娜·施萬（Gesine Schwan）在酷兒團體的施壓下取消了對這位媒體人的邀請。事件起因是珊卓拉·科格曾發表過一篇關於酷兒團體要求在電視和電影中提高能見度的文章。[11]

44. 二〇二一年，漢諾威市政府取消了漢諾威大學現代史與非洲史榮譽教

---

10 參見https ://www.br.de/nachrichten/wissen/coronawissenschaftler-kritisieren-stanford-studie-zu-lockdown, SMihU3O

11 參見Julian Nida-Rümelin, Nathalie Weidenfeld : *Die Realität des Risikos.* München : Piper, 2021; aktualisierte und erweiterte Taschenbuchausgabe München : Piper 2023.

授（Helmut Bley）的演講活動，原定的講題為「從非洲人的角度思考殖民史」。倡導歧視敏感性與反種族主義組織抨擊道，一個「老白男」想談論非洲是因為他無法「深入思考和體會非洲的狀況」。[12]

45. 在薩塞克斯大學任教的哲學家凱瑟琳・斯托克（Kathellen Stock）表示，她在學生多年的施壓之下於二〇二一年被迫辭職。他們指控她有仇視跨性別者的觀點。斯托克主張以承認生理性別為基礎的女性主義哲學。斯托克擔心男性會藉由自稱是女性而進入女性專屬保護空間，進而對女性施暴。引發這個擔憂的關鍵因素是跨性別遊說者宣揚的《性別自決法》，該法案允許英國人能僅憑個人意願更改自己的性別。[13]德國也在討論類似的立法提案。

46. 二〇二一年，記者哈拉爾德・馬騰斯坦（Harald Martenstein）在他為《每日鏡報》定期撰寫的專欄中描述反對疫苗接種和其他措施的人在抗議遊行

---

12 參見 https://www.netzwerk-wissenschaftsfreiheit.de（網址最後訪問於二〇二三年三月二十七號）

13 關於法律上性別認同的辯論似乎變得愈來愈複雜、愈來愈富爭議性，這可以透過在法律上徹底廢除所有性別分類來解決。這是我們在《性、愛欲、人文主義》（*Erotischer Humanismus*）一書中提出的建議。

中配戴猶太星的現象。他認為這樣做的人通常不是在表達反猶太的情緒，因為他們認同納粹恐怖國家的受害者。馬騰斯坦承認，這種抗議形式淡化了對猶太人受的迫害，這令人難以忍受。主編撤回了該專欄，至於他事先是否就此與馬騰斯坦談過話，仍是個爭議。編輯團隊宣稱有，但馬騰斯坦否認。他隨後離開了這家報社。

47. 英國一個小鎮裡的一名教師於二〇二一年被停職，因為他在一門有關宗教的課上給全班學生看了《查理周刊》中的穆罕默德漫畫。穆斯林家長連日抗議，要求將他解雇。教育部譴責了這種恐嚇行為，教師也因而復職。然而，從那時起，他就開始擔心自己的生命安危，並與家人一起藏匿起來。

48. 正如美國作家學會PEN在一項研究中所顯示的，美國對學校圖書進行審查的趨勢日愈明顯。[14]目前有超過一千本書被排除在學校圖書館之外。以「色情、不當行為與暴力」為由，涉及LGBTQ、種族主義、性和文化多元性

---

14 參見https://pen.org/banned-in-the-usa/

的書籍從學校圖書館中被刪除，目的是禁止這些主題進入學校課程。在佛羅里達州，州長迪尚特（DeSantis）在二〇二二年提出《個人自由法案》，禁止教師與學生談論某些話題。

致謝

感謝娜塔莉・維登菲爾特彙編了不同時代、不同文化背景下的取消文化案例，這有助於闡釋本書的論點。

感謝多洛蒂亞・溫特（Dorothea Winter）提供的文獻紀錄和參考資料，感謝妮娜・漢格（Nina Hengge）為我謄寫口述內容，還要感謝西爾克・德林兒（Silke Deuringer）和湯瑪斯・提爾赫（Thomas Tilcher）對本書的校對。

感謝Piper出版社，尤其是編輯馬丁・亞尼克（Martin Janik），他確保了順暢且富有內容深度的合作。

國家圖書館出版品預行編目資料

取消文化 / 猶利安・尼達諾姆林（Julian Nida-Rümelin）著 ; 杜子倩 譯.
-- 初版. -- 臺北市 : 商周出版, 城邦文化事業股份有限公司出版 : 英屬蓋曼群島商家庭傳媒股份有限公司城邦分公司發行, 2025.03
面 ; 14.8×21公分
譯自 : »Cancel Culture« – Ende der Aufklärung? Ein Plädoyer für eigenständiges Denken.
ISBN 978-626-390-444-6（平裝）
1. CST: 社會哲學
540.2　　114001260

取消文化

原著書名 / »Cancel Culture« – Ende der Aufklärung? Ein Plädoyer für eigenständiges Denken
作　　者 / 猶利安・尼達諾姆林（Julian Nida-Rümelin）
譯　　者 / 杜子倩
企畫選書 / 嚴博瀚
責任編輯 / 陳薇

版　　權 / 吳亭儀、游晨瑋
行銷業務 / 周丹蘋、林詩富
總 編 輯 / 楊如玉
總 經 理 / 彭之琬
事業群總經理 / 黃淑貞
發 行 人 / 何飛鵬
法律顧問 / 元禾法律事務所　王子文律師
出　　版 / 商周出版
城邦文化事業股份有限公司
台北市南港區昆陽街 16 號 4 樓
電話：(02) 2500-7008 傳真：(02) 2500-7579
E-mail：bwp.service@cite.com.tw
發　　行 / 英屬蓋曼群島商家庭傳媒股份有限公司城邦分公司
台北市南港區昆陽街 16 號 8 樓
書虫客服服務專線：(02) 2500-7718・(02) 2500-7719
24 小時傳眞服務：(02) 2500-1990・(02) 2500-1991
服務時間：週一至週五 09:30-12:00・13:30-17:00
劃撥帳號：19863813　戶名：書虫股份有限公司
讀者服務信箱 E-mail：service@readingclub.com.tw
城邦讀書花園 網址：www.cite.com.tw
香港發行所 / 城邦（香港）出版集團有限公司
香港九龍土瓜灣土瓜灣道 86 號順聯工業大廈 6 樓 A 室
電話：(852) 2508-6231　傳眞：(852) 2578-9337
E-mail：hkcite@biznetvigator.com
馬新發行所 / 城邦（馬新）出版集團 Cité (M) Sdn. Bhd.
41, Jalan Radin Anum, Bandar Baru Sri Petaling,
57000 Kuala Lumpur, Malaysia
電話：(603) 9056-3833　傳眞：(603) 9057-6622

封面設計 / 廖勁智
內文排版 / 新鑫電腦排版工作室
印　　刷 / 韋懋實業有限公司
經 銷 商 / 聯合發行股份有限公司
電話：(02) 2917-8022　傳眞：(02) 2911-0053
地址：新北市 231 新店區寶橋路 235 巷 6 弄 6 號 2 樓

■2025年3月初版
定價 380 元

Printed in Taiwan
城邦讀書花園
www.cite.com.tw

ISBN　9786263904446
ISBN　9786263904439（EPUB）

商周出版

廣　告　回　函
北區郵政管理登記證
台北廣字第000791號
郵資已付，免貼郵票

115台北市南港區昆陽街16號4樓

英屬蓋曼群島商家庭傳媒股份有限公司　城邦分公司

請沿虛線對摺，謝謝！

商周出版

書號：BK7131	**書名：**取消文化	**編碼：**

請於此處用膠水黏貼

商周出版

讀者回函卡

線上版讀者回函卡

感謝您購買我們出版的書籍！請費心填寫此回函卡，我們將不定期寄上城邦集團最新的出版訊息。

姓名：＿＿＿＿＿＿＿＿＿＿＿＿＿＿＿＿＿＿＿＿ 性別：☐男 ☐女

生日：西元＿＿＿＿＿＿年＿＿＿＿＿＿月＿＿＿＿＿＿日

地址：＿＿＿＿＿＿＿＿＿＿＿＿＿＿＿＿＿＿＿＿＿＿＿＿

聯絡電話：＿＿＿＿＿＿＿＿＿＿＿＿ 傳真：＿＿＿＿＿＿＿＿＿＿

E-mail ：

學歷：☐ 1. 小學 ☐ 2. 國中 ☐ 3. 高中 ☐ 4. 大學 ☐ 5. 研究所以上

職業：☐ 1. 學生 ☐ 2. 軍公教 ☐ 3. 服務 ☐ 4. 金融 ☐ 5. 製造 ☐ 6. 資訊
☐ 7. 傳播 ☐ 8. 自由業 ☐ 9. 農漁牧 ☐ 10. 家管 ☐ 11. 退休
☐ 12. 其他＿＿＿＿＿＿＿＿＿＿＿＿＿＿＿＿＿＿＿＿

您從何種方式得知本書消息？

☐ 1. 書店 ☐ 2. 網路 ☐ 3. 報紙 ☐ 4. 雜誌 ☐ 5. 廣播 ☐ 6. 電視
☐ 7. 親友推薦 ☐ 8. 其他＿＿＿＿＿＿＿＿＿＿＿＿＿＿

您通常以何種方式購書？

☐ 1. 書店 ☐ 2. 網路 ☐ 3. 傳真訂購 ☐ 4. 郵局劃撥 ☐ 5. 其他＿＿＿

您喜歡閱讀那些類別的書籍？

☐ 1. 財經商業 ☐ 2. 自然科學 ☐ 3. 歷史 ☐ 4. 法律 ☐ 5. 文學
☐ 6. 休閒旅遊 ☐ 7. 小說 ☐ 8. 人物傳記 ☐ 9. 生活、勵志 ☐ 10. 其他

對我們的建議：＿＿＿＿＿＿＿＿＿＿＿＿＿＿＿＿＿＿＿＿＿＿
＿＿＿＿＿＿＿＿＿＿＿＿＿＿＿＿＿＿＿＿＿＿＿＿＿＿＿＿
＿＿＿＿＿＿＿＿＿＿＿＿＿＿＿＿＿＿＿＿＿＿＿＿＿＿＿＿

請於此處用膠水黏貼